何炳棣 著

中国会馆史论

中华书局

图书在版编目(CIP)数据

中国会馆史论/何炳棣著. —北京:中华书局,2017.7
(2020.8重印)
(何炳棣著作集)
ISBN 978-7-101-09412-1

Ⅰ.中… Ⅱ.何… Ⅲ.会馆公所-史料-中国 Ⅳ.D69

中国版本图书馆 CIP 数据核字(2013)第 117762 号

书　　名	中国会馆史论
著　　者	何炳棣
丛 书 名	何炳棣著作集
责任编辑	李　静
出版发行	中华书局
	(北京市丰台区太平桥西里38号　100073)
	http://www.zhbc.com.cn
	E-mail:zhbc@zhbc.com.cn
印　　刷	北京市白帆印务有限公司
版　　次	2017 年 7 月北京第 1 版
	2020 年 8 月北京第 2 次印刷
规　　格	开本/640×960 毫米　1/16
	印张9½　插页2　字数100千字
印　　数	3001-5000 册
国际书号	ISBN 978-7-101-09412-1
定　　价	56.00 元

出版说明

何炳棣先生，著名历史学家。1917 年 4 月 6 日出生于天津。1938 年毕业于清华大学历史系。1944 年考取第六届清华中美庚款留美公费生，1945 年赴美。1946 至 1948 年，在美国哥伦比亚大学主修英国及西欧史博士课程，通过口试，1952 年获得博士学位。从哥伦比亚大学毕业后，曾先后任教于加拿大英属哥伦比亚大学（1948—1963 年）、美国芝加哥大学（1963—1987 年）、美国鄂宛加州大学（1987—1990 年）。1966 年当选台湾"中研院"院士。1975 至 1976 年任美国亚洲学会会长。1979 年获选为美国艺文及科学院院士。1997 年获选为中国社会科学院荣誉高级研究员。2012 年 6 月 7 日，在美国加州家中去世。

何炳棣先生自幼在"亲老家衰"的自我压力下，发奋读书，力争上游。博士毕业后，即致力于中国历史的研究，其关于明清人口及明清社会阶层间流动的研究专著，是这一时期的代表作。60 年代末，何先生的研究兴趣转入中国农业的起源，并进而把研究对象扩展到中国文化的起源上。《黄土与中国农业的起源》、《东方的摇篮》是这一时期的代表作。80 年代末、90 年代初，何先生在深思熟虑后，决然投入先秦思想史领域，选择"攻坚"，研究中国思想史中最关键的基本课题,完成了一系列重要论文。

何炳棣先生一生治学,从不做"第二等"的题目,向来"扎硬寨,打死仗",视野宏阔,博征史料,而著述则精要严谨,下笔必有建树,且数十年坚韧不拔,孜孜不倦,故成就卓著,贡献杰出。

何炳棣先生与中华书局交往密切,晚年拟将毕生著述加以修订,交付中华书局,以"何炳棣著作集"之名,系列出版。其主要学术著作,多用英文写作与首次发表,其中部分已被译为中文,皆应收入"著作集"中;未译为中文的,待译成后再行收入。而晚年有关思想史方面的系列论文,为何先生一生学术的"画龙点睛"之作,则均以中文写成,编为《何炳棣思想制度史论》,收入"著作集"中。遗憾的是,天不假年,何炳棣先生未能完成全部修订工作,更未能亲见"何炳棣著作集"的出版。好在,学术可以长存。

中华书局编辑部

2015 年 2 月

目录

引　言

　　传统中国社会的主要特征之一，是具有高度的血缘性和地缘性。以近代观点看来，这种高度的血缘性和地缘性在传统中国社会造成了零散分割的局面，加强了小群的观念，削弱了大群的意识，因而延展了我国社会的"近代化"。但自历史观点看来，血缘组织如家族制度，地缘组织如会馆制度，皆系应传统社会某些阶段中实际的需要而产生，曾具有积极的社会与经济功能。家族制度的社会功能极为重要，其经济功能可能不如一般学者想象的重要[1]，而且不在本文讨论范围之内，可以不论。工商性质的会馆的经济功能非常重要，曾引起不少日本学者的注意。早在1922年和田清已经对我国会馆和工商行会问题提出讨论。不久加藤繁和仁井田陞即到北京调查若干行会和工商性质的会馆，就地搜集资料。根岸佶除了曾作全面性的研究以外，又以上海行会会馆为对象，今崛诚二则以清代及民国的归绥行社为对象，诸位都先后有专著行世。他们研究的方法，是先对实地调查过的若干行会的

1　详见 Ping-ti Ho, "An Historian's View of the Chinese Family System," in *Men and Civilization: The Family's Search for Survival*（McGraw Hill, New York, 1965）pp.15-30。

组织、功能、经费、规制等加以详细的分析，然后再作一般的推论。因为他们研究的核心仍是有限数量实地调查过的工商行会，资料集中而且原始，所以易见功效，成绩超越西方学人之上[1]。

因为日本学者的主要对象是工商行会而不是地缘组织，所以他们对地缘性的会馆制度尚未曾作全部的研究。例如明清两代北京各省府州县试馆性质的会馆，他们仅仅附带提及而未加详论。他们虽对北京、上海、归绥等地的若干工商行会有重要的贡献，但似乎还不能圆满解答一些比较广泛的问题。例如：我国明清及当代大都市中究竟有多少会馆和兼具地缘性的公所行会？是否仅仅北京和大的都市才有会馆？究竟会馆的地理分布普遍到什么程度？这类广泛的问题虽极基本，事实上却最难解答。内中主要的困难是由于缺乏全面性的文献和调查资料。本文主要目的之一即在详列大小城市会馆之名，以为今后中外学人更进一步较全面研究的参考。因为文献资料极端零散，大多数方志皆忽略会馆公所，这项近乎机械的工作，费力虽多，收效则甚为有限。因为文献记载多阙，本文所能列举大小各地的会馆当然不会详尽，与实

1　重要日文著作为和田清，"會館公所の起原に就いて"，《史学杂志》，33 卷 10 期，页 803—811。加藤繁，"唐宋時代の商人組合'行'を論じて清代の會館に及ふ"及"清代に於ける北京の商人會館に就いて"均重印于《支那经济史考证》，上下册（东京，1952—1953）。仁井田陞，《中國の社會とギルド》（东京，1950）。根岸佶，《支那ギルドの研究》（东京，1940）及《上海のギルド》（东京，1951）。今崛诚二，《中國封建社會の機構》（东京，1955）。英文著作亦皆系根据调查，D.J.MacGowan,"Chinese Guilds or Chambers of Commerce and Trade Unions," *Journal of the North China Branch of the Royal Asiatic Society*,Vol.21,1886; H.B.Morse,*The Guilds of China*（London,1909）; S.D.Gamble, *Peking: A Social Survey*（New York, 1921）, ch.8; J.S.Burgess, *The Guilds of Peking* （New York, 1928）。

际数目相差必远。但这有限的收获已经代表十余年来作者为研究明清土地、作物、人口、移民而遍翻北美所藏中国方志的附带结果之一。

日本学者研究的主要对象是我国业缘性的工商行会，因行会而牵涉到地缘组织的会馆。本文的研究对象完全是会馆制度，虽有时不得不兼论会馆与公所行会的关系，但重心始终在地缘组织。再前此中外学人研究我国行会及会馆制度时，往往仅注意到这种制度如何强化我国小群的观念，延展了大群意识的产生。这当然是相当正确的，前此论者已经很多，本文不再赘述。不过地缘组织表面上虽反映强烈的地域观念，但无时不与同一地方的其他地缘业缘组织经常接触，发生关系，谋求共存共荣。几百年中同一地区各种地缘业缘组织经常接触的结果，也未尝不有助于窄狭畛域观念的融消和大群意识的产生。此点前人既未多发挥，本文最后一章中当提出实际例证，以说明明、清两代的会馆制度，在我国社会逐渐"近代化"的过程中，实曾具有积极的推动作用。

至于会馆制度之起源，晚明博闻强记如沈德符、朱国桢，和合著《帝京景物略》的刘侗与于奕正等人已经不甚了了。近代中日学人无不遵循彼辈之说，以为北京会馆之制始于 16 世纪 60 年代嘉、隆之际。方志中幸存的资料证明早在 15 世纪 20 年代永乐迁都之时，即已有人创建会馆。再近人论北京会馆性质者，无不根据晚清文献和现代人士的印象，以为北京各郡邑会馆自始即系试馆。但史实并不如此。所以本文第二章中对北京会馆之起源与演变加以详论。再则我国的籍贯观念在人类史上确是相当特殊，此种特殊的籍贯观念与地缘组织之极度发达有直接的因果关系。故本文第一章就分析形成籍贯观念的主要因素。至于会馆和公所的组织、功能、经费、规制等等，都是前此学人所最注意的，本文除偶一涉及以外，均行避免讨论。

第一章
籍贯观念的形成

眷怀乡土本是人情之常，但直迄晚近，国人对乡土籍贯的观念，实较任何开化民族远为深厚。我国幅员之广，相当欧洲全洲，虽自秦以降已做到"书同文"的地步，但两千年来各地区间仍保有不同的风俗和方言。方言的不同是造成强烈乡土观念的主因之一。这是常识，无待赘述。

我国传统籍贯观念之特殊深厚，必有特殊的原因。特殊的原因有三：一、有关儒家"孝"的礼俗和法律；二、有关官吏籍贯限制的行政法；三、科举制度。分别略论如下：

甲　孝与籍贯

儒家最重视的孝，至东汉已渐成上层社会人士的准宗教。到了唐代，广义的孝所包括的对亲长养生送死的种种义务和仪节，更进一步正式编入法典，宋元明清莫不如此。就唐以后的法律而言，子孙奉养祖父母父母并不一定必在本籍。但自历代正史及方志中"独行""孝行""孝义"等传推测，典型的孝子却应该履行"父母在，不远游"和"安土重迁"这类古训，在祖宗坟墓所在的本籍躬自奉侍亲长。所以在礼俗上，孝的"养生"方面与籍贯往往发生密切的关系。

至于孝的"送死"方面，法律上对统治阶级规定甚严，原则上所有官员皆须回籍奔丧，在籍守制二十七个月。虽然自唐迄清皆不乏大员"夺情"实例，但时代愈晚，执行愈严，例外愈少。入仕之人须在原籍守制，至少在明清成为通例，偶有"夺情"，物议纷纷，足征礼俗对于丁忧一事较法律尤为严格。至于庶民，唐以后法律上仅有服丧二十七月的规定，并未明言庶民服丧必在原籍。大多数庶民既世代从事农耕，事实上服丧当在原籍。至于迫于衣食不得不去异乡营贩的庶民是否也一律在原籍服丧二十七月之久，史例缺乏，无法肯定。但另一方面，自东汉两晋以降，凡是为父母长期守墓，以及千里迎柩原籍归葬的人，正史及方志列传无不大事标榜，认为是至孝的典型。所以自礼俗及法律交互影响来看，广义的孝与籍贯问题，实有密切的关系[1]。

1　"孝与籍贯"一段为全文完成后续加，因不愿牵动以下百数十底注次序，只得作一长注。此段所论过简，惟系综结以下专著及原料而成：顾炎武，《日知录》（国学基本丛书本），卷五，"三年之丧"，卷一五，"奔丧守制"、"丁忧交代"、"武官丁忧"诸条；赵翼，《陔馀丛考》（《瓯北全集》本），卷二七，"起复"，卷三二，"妇为舅姑服三年丧"等条；《廿二史劄记》，卷三，"两汉丧服无定制"、"长官丧服"，卷五"东汉尚名节"诸条；杨树达，《汉代婚丧礼俗考》（商务，1933）；胡适，"三年丧服的逐渐推行"，《文哲季刊》（武汉大学），一卷二号（1930）；雷海宗，"中国的家族"，重刊于《中国文化与中国的兵》（商务，1940）；《唐律疏议》（万有文库本），卷一，"名例"、"十恶"，卷一二，"户律"、"子孙不得别籍"；《唐会要》（世界影印本），卷三八，页688—689；《五代会要》（世界），卷九，页110—111；《续通典》（商务影印本），页1136，"丁忧终制议"；《大明会典》（万历，东南书报社影印本），卷五，"给假"，卷一一，"侍亲"；《大清会典事例》（光绪），卷一三八及一三九，"守制"。

乙　历代官吏籍贯禁限

与其他国家比较，我国传统行政法中特色之一，是对官吏铨选任用的籍贯禁限。地方官回避本籍原是纯地缘性的禁限，但往往与血缘性禁限同时并存，所以籍贯回避的意义与范围便变成非常广泛。这原本用意纯属消极防范性的行政法规，两千年来无形中促进深厚籍贯观念的养成。

秦汉一统帝国建立之后，中央政权为防止强大地方势力的抬头，逐渐通过了地方各级官员回避本籍的法令。西汉之世即有地方各级监官长吏不得任用本籍人的禁限，刺史不得用本州人，郡守国相不得用本郡人，县令、长、丞、尉不但不用本县人，而且不用本郡人。东汉中叶以后复有"不得对相监临法"及"三互法"。严耕望曾详考两汉刺史及郡国守相及地方官吏籍贯三千余条，对以上二法解释最为精到：

> 所谓两州人士不得对相监临者，谓若甲州人有任乙州刺史者，则乙州人不得任甲州刺史，以免相互比周之弊也。至于"三互法"则又前律之引伸：譬之甲州人士有监临乙州，同时乙州人士有监临丙州者，则丙州人士不但不能监临乙州，且不能监临甲州；又若人有为甲州刺史而婚于乙州之女，则甲州人士亦不能任刺史于乙州；皆所以防止转互庇护也，郡县任官盖亦如此。[1]

---

1 严耕望，《中国地方行政制度史》，上编，卷上，《秦汉地方行政制度》，第十一章全章，征引一段在页350。

两汉对地方各级官吏任用不但有单层地缘的禁限，且有双层因血缘而及地缘的禁限，可谓备极周密。

东汉一统帝国崩溃的原因甚为复杂，以上一类禁令的本身无法防阻地方豪族及割据势力的兴起。经魏晋终南北朝之世，中央政权不得不对地方豪族拉拢容忍，两汉式地方官任用的地缘血缘禁限，大体无法施行[1]。但另一方面，五胡乱华，北方沦陷，士族大批南渡，东晋和南朝纷纷设立侨州侨郡，南迁之北方士族"竞以姓望所出，邑里相矜"[2]，于是地望成为他们门第的标帜，重谱牒，更不得不特重郡望[3]。留在北方异族治下的汉人士族也无不如此。所以在长期南北对峙局面之下，衰弱的中央政权虽无法维持两汉型地方官吏任用的籍贯禁限，但当时特殊的政治与社会情况却大大增强了统治阶级对原籍或祖籍的观念。

隋未统一之前已开始企图削弱自汉季以来强大的地方势力。《隋书·文帝纪》：开皇三年（583）已有"刺史县令三年一迁，佐官四年一迁"之令；统一以后，于开皇十四年（594）又有"州县佐吏三年一代，不得重任"之令。《唐六典》："汉氏县丞尉多以本郡人为之，三辅县则兼用它郡。及隋氏革选，尽用他郡人。"[4]《通典》略同。关于这点，严耕望先生来函，曾作以下讨论："按汉代之县丞尉亦例用他郡人，惟三辅可用本郡人，此注适得其反，盖误以掾史制度说丞尉也。自汉以来，丞尉即用他郡

1　《中国地方行政制度史》上编，卷中，《魏晋南北朝地方行政制度》，页382至385。

2　《史通》，"邑里篇"，引于王仲荦，《魏晋南北朝隋初唐史》（上海，1961），页225。

3　唐长孺，"门第的形成及其衰落"，《武汉大学人文科学学报》，1959，八期，页1。

4　《唐六典》（日本天保七年版），卷三十，页14下。

人，隋废掾史，保存丞尉，仍用他郡人。故此句末句不误，但谓始于隋则误耳。"

此外《唐六典》中另条："州市令不得用本市内人，县市令不得用当县人。"[1]《册府元龟》："永秦〔应系永泰之误〕元年（765）七月诏，不许百姓任本贯州县官及本贯邻县官。京兆、河南府不在此限。"[2] 就现存法令鳞爪看来，隋、唐既重建一统之局，多少恢复了一些两汉对地方官任用的籍贯限制，至于此类禁限实施的程度，则尚有待详考。

两宋基本国策之一，是加强中央对地方的统制，企图永远防止唐中叶以后藩镇割据局面的重演，因此两宋政府对官吏任用的籍贯禁限比隋、唐为严密。《宋会要稿》最早有关的记载是仁宗嘉祐三年（1058），"以右谏议大夫新知邓州周湛改知襄州，少府监新知襄州马寻改知邓州。湛，邓州人，奏乞对换其任也"[3]。虽然文献中尚未找到更早回避的例子，上引一条很可能是根据北宋开国以来的旧例。南渡以后，此类回避原籍的法规一直不断地在执行。《宋会要稿》第六一卷中，地方官因避籍自动申请或被命对调的事例，共六七起。此外尚有因"避亲嫌"而对调之例甚多，其中亦不乏因血缘回避而牵涉到地缘回避的。大体看来，两宋之法，其范畴之广，视两汉已无多让。

元代吏治窳败，成宗大德（1303）亦有类似律令，惟仅及司吏：

---

1 《唐六典》，卷三〇，页12上。

2 《册府元龟》（崇祯壬午版，中华影印），卷六三〇，页12下。

3 《宋会要稿》，"职官"，卷六一。

江西行省准中书省咨，近据问民疾苦官呈，江西省咨，
所辖路府州县司吏，即系土豪之家买嘱承充……本身为吏，
兄弟子侄亲戚人等置于府州司县写发，上下交通，表里为
奸……不肯出离乡土。……议得路府州县司吏，于本省管下
地面内避贯迁转，各道廉访司书吏奏差避道迁调，……回避
元籍，依准所议。[1]

《大明会典》简明扼要，所收律例远较《宋会要》及《大清
会典事例》为少。最重要者为洪武二十六年（1393）所定通例：
"其应选官员人等，除僧道、阴阳、医士就除原籍，余俱各照例
避贯铨注。"此外尚有特殊性的籍贯禁限，如"凡户部官，洪武
二十六年奏准，不得用浙江、江西、苏、松人"。其用意为防范
江南地主豪强舞弄钱粮事宜。再则籍贯回避因事因地制宜，亦
不乏例外。如教官铨选，本省隔府即可，实因方言与教学关系
甚大；广西等边远省份本省人虽不得充州县正官，但可任州县
佐杂；嘉靖三十一年（1552）因北边吃紧，"题准边方州县等官，
专用北人"[2]。

降及清代，官员铨选之籍贯禁限粲然大备。仅就"本籍
接壤回避"律例而言，即有以下极度周详的规定。顺治十二年
（1655），"在京户部司官，刑部司官，回避各本省司分；户部福
建司兼管直隶八府钱粮，直隶人亦应回避。在外督抚以下，杂职
以上，均各回避本省。教职原系专用本省，止回避本府"。康熙

---

1 《元典章》（光绪戊申版），卷一二，页48上至49上。
2 《大明会典》，卷五，页2下；页6上；页14上下。

四十年（1701），"五城兵马司正副指挥、吏目等官，顺天府人均令回避"。康熙四十二年，"候补候选知县各官，其原籍在现出之缺五百里以内者，均行回避"。乾隆七年（1742），"寄籍人员，凡寄籍、原籍地方，均令回避。〔原注〕：如浙江人寄籍顺天，则直隶浙江两省均应回避之类"[1]。

此外尚有对河工、盐务人员的籍贯禁限[2]，还有因血缘及特殊人事关系而牵连到籍贯限制的"亲族回避"、"师生回避"、"拣选人员回避"、"回避调补"种种事例。满洲及汉军人员任命的广义籍贯禁限，亦与汉人略同[3]。

清代政府除极注重臣民正式登记的籍贯外，并于铨选之前辨别官员的方言。对官员籍贯禁限执行之严格，姑举以下一例：

> 〔乾隆〕四十二年（1777）谕：户部带领解饷官绍兴府通判张廷泰引见。听其所奏履历似绍兴语音，因加询问。据奏幼曾随父至绍兴居住数年，遂习其土音等语。此与浙人寄籍顺天者何异，而其言尚未必信然也。通判虽系闲曹，但以本籍人备官其地，于体制究为未合。张廷泰著交锺音〔福建巡抚〕于福建通判内调补。至于顺天大〔兴〕宛〔平〕二县，土著甚少，各省来京居住，积久遂尔占籍。从前曾令自行报明，改归本籍，其中或实系无家可归者，亦令呈明原籍某处，一体回避。……至顺天应试，则有审音御史，……皆宜

1　《大清会典事例》（光绪），以上数条皆引自卷四七。

2　同上，卷四七，页4上至6上。

3　同上，卷三五。

悉心询察。[1]

同年吏部议定极严格的投供人员呈报籍贯的手续，必须声明
"祖籍"、"原籍"、"寄籍"或"入籍"的年月，并必须有同乡京
官印结担保，并详议误报籍贯，本人和保人惩处的办法[2]。

综观官吏铨选的籍贯禁限，前后有两千年以上的历史。其
间中世数百年间，虽未见施行，但凡中央政权相当稳固，行政
较上轨道的朝代，都大体或多或少地遵循两汉遗规。有清一代，
此类禁限周详缜密，无以复加。中央政府既如此严格查对籍贯，
一般官吏及有志上进的平民士子，对籍贯问题自不能没有高度
的觉醒。

丙 科举制度与籍贯

我国制度之中对籍贯观念之形成影响最大的，莫如科举。科
举制度成于唐，初盛于两宋，极盛于明清。自两宋起已为平民登
进的主要途径。惟两宋之制，士子先经地方政府考选，保送到礼
部，礼部考试及格，方为及第，故只有进士一项最高"学位"，
与明清生员、举人、进士三级"学位"制不同，考试与府州县学
校亦尚无全盘的联系。自明洪武二年（1369）诏天下各府州县皆
置学校，每学皆有教官与生员额数。惟生员可参加乡试，中试者
成举人，惟举人可参加会试，中试者成进士。科举与学校制度不
但有了密切的联系，并且科举与学校全部根据地籍。

---

1 《大清会典事例》（光绪），卷八四，页 6 上至 7 下。
2 同上，卷八四，页 7 下至 8 上。

《大明会典》仅收洪武十七年（1384）一条试子籍贯登记的通则，各府、州、县生员乡试前必须各具"年甲、籍贯、三代"[1]。该书内容简略，我们可以断言年甲、籍贯、三代的登记自童试始。清承明制，而条例大备。顺治二年（1645）即定"生童有籍贯假冒者，尽行褫革，仍将廪保惩黜；如祖父入籍在二十年以上，坟墓田宅俱有的据，方准入试"[2]。顺天乡试，更特设审音御史。终清之世，执行甚严。南通张謇幼时误受塾师之诱，假报邻县籍贯入学，因此饱受三年的要挟欺诈，耗资千金，几至破家，最后不得不向学政自首，即系一例[3]。明清科场条例中对籍贯的禁限，与行政法中对官吏铨选的籍贯禁限，作用相同，但其影响更大，深入全部社会的每一阶层。

科举制度对籍贯观念之养成，还具有积极的推动作用。自五代北宋门第消融之后，科举成为一般平民名利之薮。登科的人不但可以奠定身家的经济基础，扬名显亲，而且可以援引提携惠及宗族桑梓。甚至州县之报荒减赋亦与一地人文之盛衰不无关系[4]。所以近千年来，科第不但是个人单独追求的目标，而且是地方集体争竞的对象。

郡邑间对科第角逐的具体象征，至南宋中叶已很明显。现存文献中自淳熙十二年（1185）起，各地就开始捐田置产，筹办"贡士庄"或"兴贤庄"以补助本籍举子赴首都临安参加礼部考

1　《大明会典》，卷七七，页 24 下至 25 上。

2　《大清会典事例》，卷三九一，页 1 上至 1 下。

3　张謇，《啬翁自订年谱》（1925）。

4　Ping-ti Ho, *Studies on the Population of China, 1368-1953* (Harvard University Press, 1959), pp.227-228.

试[1]。南宋末叶此种制度特盛于江西诸郡邑，亦有称作"青云庄"和"进士庄"的[2]。湖南常德称为"乡贡过省庄"[3]。明初因政府对各省赴京参加会试举子有正式补助，江南各地贡士庄之制暂趋消沉。但政府补助毕竟有限，所以自晚明直迄清末，府州县措备宾兴基金之制日益普遍。

再则永乐迁都北京之后，北京已开始有郡邑会馆。明中叶后，直迄清末，京师会馆日益增多，逐渐演变成为试馆（详下第二章），当然也是全国各地对科第集体竞争的象征之一。

此外，最晚自南宋起，若干地方已经开始在城区建立状元坊，以纪念当地科举杰出人物，并借以鼓舞后进有志之士[4]。到了明代，这种最富于心理激励作用的牌坊日益普遍，而且决不限于纪念巍科人物。清代更甚，有些地方甚至将本籍以往进士一律入祠奉祀。广东四会即系一例："宾兴崇祀祠在今绥江书院之东。……祠内子孙有登科申者，即其地竖旗杆。"[5]科举居然变成广义地方宗教的一部分，则其对籍贯观念养成之影响的深而且巨，概可想见。

总之，我国传统的籍贯观念，在举世文明人种中确是一个特殊的观念。这种观念是由于两千年来礼教、文化、方言和特殊行

1　周藤吉之，《中国土地制度史研究》（东京，1954），页204至205；杨联陞，"科举时代的赴考旅费问题"，《清华学报》，新2卷，2期，页118。

2　Ping-ti Ho, *The Ladder of Success in Imperial China, Aspects of Social Mobility, 1368-1911* (Columbia University Press, 1962), pp. 204-205.

3　《常德府志》（嘉庆1813版），卷一五，页11下至12上。

4　例如苏州，见《宋平江城坊考》（1925铅印本），卷二，页32上，"状元坊"；卷三，页5下"周武状元坊"。

5　《四会县志》（光绪1896版），编二上，页90下至91上。

政法规与制度长期交互影响之下，逐渐培养而成的。至于籍贯观念深强的程度，两千年间各个时代不会相同，而且很难衡量。不过单就行政法规与科举制度中所反映的种种社会现象而论，似乎时代愈晚，籍贯观念愈深，至清代登峰造极，民国以来才趋削弱。会馆制度的历史即可较具体证成此说。但凡一种观念发达到无可再强的时候，势必开始衰弱，籍贯观念也不例外。这一点可从会馆制度长期演变之中反映出来。

第二章
北京郡邑会馆的起源与演变

　　会馆是同乡人士在京师和其他异乡城市所建立，专为同乡停留聚会或推进业务的场所。狭义的会馆指同乡所公立的建筑，广义的会馆指同乡组织。在京师者设置较早，现存史料中可溯至永乐年间，较前此一般学者认为的草创时期要早一百四十年。京师郡邑会馆最初是同乡仕宦公余聚会之所，逐渐才变成试馆，但始终不免同乡商人参加的痕迹。京师以外的会馆多属同乡工商组合的性质，但亦往往有仕宦参加的痕迹。本章专讨论北京郡邑会馆的起源和早期的演变。

　　清末民初有些学者认为两汉京师的郡邸即系明清会馆的前身，此说当略加检讨。周寿昌《后汉书注补正》：

　　　　史弼传，〔魏〕劭与同郡人卖郡邸。〔唐章怀太子李贤原〕《注》："若今寺邸也。"寿昌谓郡邸即平原郡公置之邸，犹今同乡会馆也。若寺邸是官舍，魏劭与其同郡人安能卖乎。[1]

1　周寿昌，《后汉书注补正》（丛书集成本），卷六，页79。

周氏解释似不无疑问。惠栋《后汉书补注》：

> 观此〔史弼传〕则东汉郡邸乃郡守自为之，否则安得擅卖。陆机《洛阳记》曰："百郡邸在洛阳中东城下步广里中。"案《百官公卿表》，大鸿胪属有郡邸长丞。〔颜〕师古曰："主诸郡之邸在京师者。"[1]

《后汉书》平原郡太守史弼入狱，魏劭与平原郡在京师同郡之人商卖郡邸以营救史弼，确牵涉到郡邸究系一郡公产或太守私产问题，但无疑义出卖郡邸为一非常现象。但一般讲来，大鸿胪卿属官之中既有郡邸长丞专管京师诸郡郡邸，则郡邸决非明清会馆式之私人同乡组织可知。《汉书·朱买臣传》对郡邸性质有极清楚的说明：

> 初买臣免待诏，常从〔长安〕会稽守邸者寄居饮食。〔及〕拜为太守，买臣衣故衣，怀其印绶，步归郡邸。直上计时，会稽吏方相与群饮，不视买臣。买臣入室中，守邸与共食，食且饱，少见其绶，守邸怪之，前引其绶，视其印，会稽太守章也。守邸惊，出语上计掾吏，皆醉，大呼曰，妄诞耳。守邸曰，试来视之。其故人素轻买臣者入视之，还走疾呼曰，实然。坐中惊骇，白守丞，相推排陈列中庭拜谒。[2]

1　惠栋，《后汉书补注》（丛书集成本），卷一五，页681。
2　《汉书》（王先谦补注），卷六四，页12下。

这充分说明两汉诸郡因每年上计，在京师不得不有郡邸，郡邸就是各郡在京的办事处，并不是同乡组织。程树德虽未明言，实系根据周说，以会馆之制始于两汉，亦误[1]。晚明熟于掌故者如沈德符及朱国桢皆能道会馆与郡邸之不同。朱氏《涌幢小品》"衙宇房屋"条所言尤中肯要：

> 汉时郡国守相置邸长安，唐有进奏院，宋有朝集院，国朝无之。惟私立会馆，然止供乡绅之用，其迁除应朝者皆不堪居也。[2]

至于北京郡邑"私立"会馆之起源，近代学人几无不遵循崇祯间（1628—1644）刘侗、于奕正编撰之《帝京景物略》：

> 尝考会馆之设于都中，古未有也，始嘉〔靖〕隆〔庆〕间。盖都中流寓十土著……四方日至，不可以户编而数凡之也，用建会馆，士绅是主。……内城馆者，绅是主，外城馆者，公车岁贡士是寓。[3]

和田清最早在1922年即引用刘、于二氏之说，加藤繁亦采纳此说[4]。仁井田陞及杨联陞先后根据道光十四年（1834）《重续

---

1 李景铭辑，《闽中会馆志》（1942），程树德序。

2 朱国桢，《涌幢小品》（中华，1959年铅印本），页86至87。

3 刘侗、于奕正，《帝京景物略》（崇祯1635序，乾隆1766年版），卷四，页23下至24下。

4 见本书引言页2注1所举加藤繁著作。

歙县会馆录》所保存的原序，认为会馆最早创设于嘉靖三十九年（1560）[1]。故会馆创于 16 世纪中叶以后，至今似已成定论。

然而以上诸家皆根据会馆专录、明代笔记或北京商业性会馆实际调查资料。商业性会馆成立较晚，会馆专录为数无多，明人著述简略笼统。民国 1919 年《芜湖县志》：

> 京师芜湖会馆在前门外长巷上三条胡同。明永乐间（1403—1424）邑人俞谟捐资购屋数椽并基地一块创建。[2]

同书"人物志·宦绩"项：

> 俞谟字克端，永乐元年选贡，任南京户部主事，转北京工部主事。在京师前门外置旅舍数椽并基地一块，买自路姓者。归里时付同邑京官晋俭等为芜湖会馆。正统间（1436—1449）路姓后人构讼争地，谟子日升持契入质，断归芜湖会馆。至今公车谒选胥攸赖焉。[3]

以上叙事除无确切兴建年份外，余皆翔实。所述先系私人购地营建，再捐桑梓旅京同乡永为公产一节，尤与以后若干郡邑会

1　仁井田陞，《中國の社會とギルド》，页 65；杨联陞，"科举时代的赴考旅费问题"，页 124。

2　《芜湖县志》（民国 1919），卷一三，页 1 上。

3　同上，卷四八，页 6 上；卷四五，"选举"、"贡生"，页 1 上，"晋俭：永乐三年贡，刑部主事"。此志所记北京芜湖会馆创建之人物史实各项，年代俱符，决无错误可能。

馆之起源相同。按永乐十八年（1420）始正式迁都，俞谟南人，北迁后感到有同乡组织之必要，亦极自然之事。此为作者翻检方志中所发现最早之例，想象中其他南方州邑人士任职北京者，亦必不无类此之举。

清初周亮工《闽小纪》"林佥宪"条：

> 武宗时（1506—1521），闽佥宪林公文缵赴京谒补。舟抵潞河，适武宗巡幸至，突入舫。文缵俯伏船头，上鞭指之曰，汝何从之，随入舟。时文缵家口咸匿舱下，止一婢抱缵六岁儿立舱中。上问曰，此何人。缵奏曰，臣子。上抱置膝曰：相好，当与朕为子。缵奏曰：恐臣子无福。上又指婢曰：仍命此女抱携之。时护跸人至，踉跄促去。儿入宫，思父母，日夜啼。百计诱之终弗止。文缵亦入都，与素识大珰谋，欲出儿。珰乘机奏曰：此儿诚薄福，啼既弗止，不如舍之，且收留寄养，祖宗有禁。上曰：林某浼汝作说客耶？如再啼，当弃之水。珰惧，亟与文缵谋，觅善泅者伏河侧。儿啼不止，上果弃之河中。泅者故拉儿入水，伺上回，急出之。儿僵矣，文缵抱哭不已，久之始苏。文缵补官岭南，亟携儿去。不久，又休致归。杜门课子，廿一岁举于乡，又四年成进士。名璧。世宗出武宗朝宫人，前婢亦在列。婢无归，问闽绅姓名，人谓须至福州会馆……[1]

1　周亮工，《闽小纪》（丛书集成本），页20至21。

此条轶事史料价值有二。一、嘉靖初叶以前，很可能在 15 世纪后半，福州京宦已在北京建立会馆，则芜湖会馆，并非独有之例。二、林璧于嘉靖八年（1529）已成进士[1]，之后还住在福州会馆，与婢重圆，可见当时会馆大都为已仕之人暂居聚会之所，尚非试馆性质。近人有谓会馆专为同乡参加会试之人而设，故曰会馆之说，亦欠正确[2]。

早期会馆性质并非试馆，亦可自会馆名词应用之广泛，得一旁证。乾隆《吉安府志》（1771）：

> 青原会馆，明正德间姚江王守仁令……安福邹守益从游青原山，讲良知之学。其后会讲者吉水罗洪先……皆相继会青原。当道为创传心堂于僧舍右，又建五贤祠，祀王守仁，配以邹〔守益〕、罗〔洪先〕、聂〔豹〕、欧〔阳德〕。万历间吉水邹元标……倡姚江之学……于谷口之旁，建九邑会馆。[3]

本地非经常性讲学聚会的所在，也可称为"会馆"。在王学极盛的 16 世纪，吉安每个属县都有"会馆"，而且不久都有"公田备饩"[4]。这虽是自 16 世纪初叶起江西一个区域的现象，但会馆一名词之已被借用，亦足表明京师郡邑会馆确已具有相当时期的历史，而其性质与功能则尚未固定。

1　《福建通志》（乾隆 1737），卷三六，"选举"，页 32 上。
2　《闽中会馆志》，程树德序。
3　《吉安府志》（乾隆 1771），卷一八，页 36 下至 37 上。
4　《吉安府志》，卷一八，"府书院"全节。

正因会馆是"私立"的，所以经相当长的时期尚未被政府及一般人士所注意。据现有文献，除知芜湖会馆成立于15世纪20年代，福州会馆最迟建于16世纪初年以外，其确知创建于万历元年（1573）以前者，计有歙县会馆、绍兴的稽山会馆和江西新城会馆[1]。1942年刊印的《闽中会馆志》列举北京福建府、州、县新旧廿二馆（并非该省在京会馆之全部）。内除福州旧馆创建最早外，汀州会馆创于（万历）1587年，邵武会馆创于1606年，延平会馆大约也同时建立。另有延平郡馆为该府纸商所建，虽创建年代不详，但在顺治壬辰（九年，1652）已经重修一次，故其初建于明季无疑。此外福清会馆为天启间（1621—1627）大学士叶向高倡建，同安及莆阳二馆亦创自明季。

江西在京会馆最多，方志中所见最早的为新城会馆，创于嘉靖后期。南昌会馆创建于隆庆（1567—1572）万历之间[2]。新建会馆和吉安府因奉祀文天祥而得名的怀忠会馆，创建于万历前半[3]。上高和新昌两县在万历丁未（1607）已因"旧馆渰陷"重购新址另建扩充[4]。乐平县于1608"买余干［会馆］旧址"创建[5]，可见余干会馆创建更早。此外袁州府属萍乡等四邑合建之府馆，鄱阳、德化、高安等县的会馆，也都创建于明季[6]。雍正朝大学士高安朱

1　歙县会馆创建于嘉靖1560年，详前；稽山会馆见《帝京景物略》，卷一；同治1871年《新城县志》，卷二，页8上。

2　《南昌县志》（同治1870），卷二，页7上。

3　《新建县志》（同治1871），卷一八，页7下至8上；《帝京景物略》，卷一，"文丞相祠"条。

4　《上高县志》（同治1870），卷三，页42上。

5　《乐平县志》（同治1870），卷四，页83上至94下。

6　《萍乡县志》（同治1872），卷二，页19下；《鄱阳县志》（同治1871），卷七，页14下至15上；《德化县志》（同治1872），卷二二，页35上至36上。

轼谓"前朝吾乡在京会馆最多"[1]，必有相当事实根据。

此外他省郡邑在北京创建会馆于万历朝者，计有浙江嘉兴、湖南常德和山西潞安等府，和湖北麻城、安徽泾县、浙江金华和陕西三原等县[2]。

据以上零星的记载已足说明，确如沈德符、刘侗等人所说，在16世纪末和17世纪初，南方几省在北京建立会馆的郡邑已经不少，北方则山、陕郡邑亦已开始在京建立会馆。不过就总数而言，大约过半数的北京郡邑会馆似仍创建于清代。

至于京师郡邑会馆的创建方式，不外以下数种。一、像俞谟私人购地建房捐为会馆之例，虽居少数，最近初意。如康熙朝大学士李光地（1642—1718）捐宅为安溪会馆[3]，同时期三晋会馆亦原系晋省在京达官住宅[4]。二、偶而由富商独资捐建的，如乾隆间龙岩州烟商段云龙之创建本州会馆[5]。三、最普通的是由同乡在京领袖发起，在京师在本籍募捐兴建，但亦不乏由商人发起，仕商合捐之例。

从创建方式之不同，已可反映明末清初北京会馆性质与功能尚不如清中叶后一般人想象的单纯。崇祯初刊的《帝京景物略》

1　朱轼，《朱文端公集》（同治1873），卷一，页54上至55下。

2　嘉兴会馆，见沈德符《野获编》（中华，1959年铅印本），卷二四，页608至609；《常德府志》（嘉庆1813），卷八，页24上至25上；潞安会馆及金华会馆，见《宸垣识略》（咸丰1852），卷九，页8上至9下；《麻城县志》（民国1935），卷二，页37上至40上；《泾县志》（嘉庆1806，民国影印），卷一〇，"公馆"；《三原县新志》（光绪1880），卷二，页6上。

3　《闽中会馆志》，"安溪会馆"章。

4　陈廷敬《午桥文编》（康熙1708），卷三八，页11上至12上。

5　《闽中会馆志》，"龙岩州会馆"章。

虽云"内城馆者，绅是主，外城馆者，公车岁贡士是寓"，尚待详考。沈德符《野获编》正编原序作于万历 1606 年，正编"会馆"条云：

> 京师五方所聚，其乡各有会馆，为初至居停，相沿甚便。惟吾乡无之，先人在史局时首议兴创，会假归未成。予再入都（1606），则巍然华构矣。然往往为同乡贵游所据，薄宦及士人辈不得一庇宇下，大失初意。[1]

本节上引朱国桢《涌幢小品》，初刊于 1622 年，亦云会馆"止供乡绅之用，其迁除应朝者皆不堪居也"。可见迟至晚明北京不少会馆仍保持早期同乡仕宦俱乐部性质，并非试馆。另一方面，《帝京景物略》外城若干会馆已经为公车岁贡士所用，也有一部分事实根据。如延邵会馆原是延平邵武二府纸商所建，自明季起两郡人士又分建延平及邵武会馆，"是昔年试馆，乃先朝到京会试驻足之所"[2]。以上三条晚明记载各见一事两面之一面。沈氏目击当时若干会馆已变成试馆性质，便以此类会馆为近"初意"，而事实上最近初意的仕宦俱乐部式的会馆反被认为"大失初意"。

现存北京会馆专录之中，以李景铭所辑，1942 年刊印的《闽中会馆志》所涉范围最广，可略补晚明三家之说。此志中综论福建在京 22 馆"历朝科甲题名录"旧制，可能提供了一极有价值的线索：

---

1 《野获编》，卷二四，页 608 至 609。
2 《闽中会馆志》，"延平郡馆"章，页 1 上至 1 下。

各馆题名，版额大概自清朝为始。惟邵武会馆题名录始
自洪武丁丑年（1397）。[1]

就吾人所知清末现象，因会馆久已变成试馆，所以对同乡之
登甲乙榜，贡入成均，以及文武官员题名，一般皆备极注意。福
建22馆中，除一馆以外，将此项题名录仅追溯到清初，可见其
演变成为试馆尚在有清开国之后。其中创建最早的福州会馆，也
只有清代科甲题名，尤足征终明之世尚未演变成为试馆。邵武
在晚明另建试馆，故就明代进士题名碑录追补到洪武末年。道
光1834年《重续歙县会馆志》有更具体的佐证。其乡会试题名
录亦仅限清代，在"乡试中试题名录"标题下编者原注："乾隆
以前，系南溪先生追叙，自后则概有捐费，今间有惜费而不题名
者，应候公议。"[2]综合以上资料，北京会馆之中，虽不乏自晚明
即已变成试馆之例，惟此种趋势到清代才日益普遍。

再现存屈指可数的几种北京郡邑会馆专录，编辑既晚，所保
留早期会馆资料又少，是否内中所言会馆规制足以代表早期真实
情况，很可怀疑。现存诸录以歙馆录编辑最早，内中保留最早的
馆章是乾隆六年（1741）所重订。下列几条值得讨论：

　　一、……创立之意，专为公车及应试京兆而设。其贸易客
　　商自有行寓，不得于会馆居住以及停顿货物，有失义举本意。

　　一、非乡会试之年，房屋虽空，京官有眷属者，及有家

---

1 《闽中会馆志》，"邵武会馆"章，页13下。
2 《重续歙县会馆志》（道光1834），《续录后集》，页27上。

眷人，皆不得于会馆居住。……

　　一、会馆择在京殷实老成有店业者分班公管，每年二人轮流复始。……凡有应行事件，与在京现仕宦者议定而行。京宦亦每年以一二人掌管……[1]

根据此录中幸存最初在嘉靖 1560 年倡建会馆的三十六人名单，最可注意的就是内中无一仕宦，全系商人。万历十四年（1586）为该馆撰碑记的武英殿大学士许国，就是出身贫困挣扎歙县小商之家[2]。明清两代徽州仕商之间不但关系极为密切，而且先世经商往往是后人入仕的资本[3]。很难想象"创立之意，专为公车及应试京兆而设"。据"节录义庄原编记序"，在隆庆三年（1569），即倡建会馆后九年，即"相与为义阡之举"，这明明是为安葬比较贫乏在京物故的同乡商人，而不是为仕宦和公车。故歙县会馆早期确具有较广泛的仕商共用同乡组织的性质。据上引《闽小纪》有关福州会馆条，早期会馆本有仕宦及眷属相当长期占用的例子，以致引起紧要时房间不足分配的种种不便。现存北京及外埠的会馆文献中都有同样的规定[4]，这是根据长期经验，后

1　《重续歙县会馆志》，《续录后集》，页 13 上至 15 上。

2　本文作者根据许国《许文穆公集》中有关许氏先世诸文，作一许国早年小传。见 Ping-ti Ho, *The Ladder of Success in Imperial China*, Appendix, Case 5, pp. 274-276。

3　明清两代徽州仕商之间关系之密切，本文作者曾屡次论及。详见 Ping-ti Ho, "The Salt Merchants of Yaug-chou: A Study of Commercial Capitalism in Eighteenth-Century China," *Harvard Journal of Asiatic Studies*, June, 1954; 及 *The Ladder of Success in Imperial China*, pp. 69-73, and Appendix, Cases 12 and 13。

4　外埠如苏州的钱江会馆，详见《江苏省明清以来碑刻资料选集》，页 25 至 26，乾隆四十一年"吴县永禁官吏占用钱江会馆碑"。

来不得不修改馆章，并非原制。再乾隆初歙馆虽已变成试馆，而该馆平时的管理仍不得不委诸"在京殷实有店业者"，则平时不忙期间，歙商亦未尝不能利用会馆的种种便利。歙馆乡会中试题名既始于乾隆初年，乡会试中试输银之规定又迟迟创于乾隆二十八年（1763）[1]，虽然乾隆初年本乡试子已可居停，会馆之正式变为制度化的试馆，则在乾隆一朝的前半。所以1741年重订的馆章所云"创立之意"完全是事后的"合理化"，并不代表早期规制。直至乾隆六年，歙馆应具有较广泛的同乡组织的性质，并非试馆。即在变成试馆以后，仍多少具有广泛同乡组织的功能，这可从清代历次商捐和义庄规制中得到证明。

朱轼《高安县会馆记》：

> 前朝惟吾乡会馆最多，而高安之馆有二：一在内城，毁于明季；一在外城，为匪人所鬻。……今皇上御极之元年（1723）……〔始行重建新馆〕……有堂、有厅、有内外室、有厨、有厩、有铺面，月得赁资若干文，时邑人之贾于京师者，相与竭力经营。[2]

雍正元年重建的高安新馆很可能是承沿旧馆遗规。准此，及上述歙县会馆二百年间沿变之迹，则明代京师会馆本不乏自始即属于广泛同乡组织的性质，仕商试子，兼容并包，并不是单纯的试馆。

1　《重续歙县会馆志》，《续录后集》，页16上至20上。
2　《朱文端公集》，卷一，页54上至55下。

综合本章各条片断资料，大体可以看出自 15 世纪初叶起，北京各郡邑会馆似有两种典型和两种演变趋势：一是由窄狭的本乡已宦之人的俱乐部推广到收容本乡公车及谒选之人；一是由广泛性仕商并容的同乡组织逐渐变成所谓的试馆。但即使变成所谓的试馆以后，其功能亦不如清末一般人想象的窄狭。清人论北京会馆者，类皆虚文缺乏实物，惟谢济世（1689—1756）最为中肯：

> 京师之有会馆也，贡成均诣公车者居停之所也。无观光过夏之客，则大小九卿、科道部曹、翰林、中行、评博、候补、候选者以次让。无宦游之人，则过往流寓者亦得居。非土著则不可，俶于人亦不可，例也。[1]

光绪廿九年（1903）《宝庆会馆志》条例所云"不得容留同乡京控商贾"[2]，不但是例外，而且反映人文后起区域的偏激心理。清代北京一般会馆始终多少保有较试馆为广的同乡组织性质。

---

1 谢济世，《以学集》，引李家瑞《北平风俗类征》（北平，1937），下册，页 398 至 399。
2 《宝庆会馆志》（光绪 1903），上卷，页 24 下。

第三章
晚清北京郡邑会馆统计
（府城试馆、省垣试馆附）

朱一新和缪荃孙合编的《京师坊巷志》，是研究晚清北京各省郡邑会馆不可少的资料[1]。按此书即光绪十年（1884）《顺天府志》专讲京师坊巷的卷一三和卷一四。二者间偶有不同之处，但大多一致。两书对绝大多数会馆虽仅列其名及其地址，并无各馆简明历史，但无疑义的是当时最有系统实地的调查，值得逐省逐府分析。全书总计共得 391 馆。美国社会学家 Sidney D.Gamble, *Peking: A Social Survey* (1921), 页 232 至 233，实地调查北京各省邑会馆共得 413 馆，较《京师坊巷志》多 22 馆。朱、缪两氏调查或稍有忽略之处，或因清代最后二三十年间北京郡邑会馆续有增加。Gamble 书中仅有各省郡邑会馆总数而无馆名，故本章仍根据《京师坊巷志》，列成下表。再，北京诸馆之中，少数始终偏重商业性，皆根据加藤繁及仁井田陞对北京商人会馆调查所得，一一标明。本章统计可以部分地反映有清一代各地区对科举的反应。

一　直隶省
省：直隶二。

1　《京师坊巷志》（刘氏求恕斋本）。

府：天津二；正定一；河间一。

区域性：津南一。

旧有已废：正定（府）一。

共七；废一。

二 山东省

省：山东试馆一；山东会馆一；齐鲁二；山左二。

府：济南一；武定二，（内一名武郡会馆）。

旧有已废：青州（府）一；武河（可能沂州府一带？）一；寿张（县）一。

共九；废三。

三 河南省

省：河南一；中州三。

府：开封一；怀庆二；归德二。

直隶州：光州二。

州县：祥符一；孟县一；唐县一。

共十四。

四 山西省

省：山西一；三晋三；西晋二；河东一（烟商）。

府：太原一；潞安二，（内一为冶行所建）。

直隶州：平定二。

州县：代州一；忻定（忻州、定襄）一；平介（平遥、介休）一；临汾二；汾水一；翼城二；襄陵三；曲沃二；蒲城一；永济一；浮山一；洪洞一；孟县一；灵石一；解梁（解县）一；汾阳一。

旧有已废：山右（全省性）二；晋太（太原府？）一；介休一；绛山（绛县）一。

共三十三；废五。

〔注：加藤及仁井田氏调查有临襄（临汾、襄陵）会馆，为两县油商所建。〕

五　陕西省

省：关中一。

府：汉中一；凤翔一；兴安一；榆林一；延安一。

州县：咸长（咸宁、长安）一；延定（延长？定边）一；华州一；富平二；渭南三；泾阳一；韩城一；大荔一；郃阳一；朝邑一；三原一。

旧有已废：西安（府）一；泾阳一；渭南一。

共二十；废三。

六　甘肃省

省：甘肃一。

区域性：平镇（平凉、镇原）一。

旧有已废：平凉（府）一。

共二；废一。

七　奉天省

省：奉天一。

共一。

八　江苏省

省：无。

府：江宁一；镇江二，（内一名京江）；松江一；淮安二；扬州二，（内一原名江、甘、仪）。

州县：上江（上元、江宁）一；长元吴（长洲、元和、吴县）一；长吴（长洲、吴县）一；昆新（昆山、新阳）一；江震（吴江、震泽）一；常昭（常熟、昭文）一；锡金（无锡、金匮）一；宜荆（宜兴、荆溪）一；如泰（如皋、泰兴？泰州？）一；太仓一；南通州一；江阴一。

旧有已废：江南（江苏、安徽两省）一；句容一；江震一；如泰一；元宁（上元、江宁）二，（内分东西，东馆为绢商所建，西馆为试馆）。

共二十；废六。

九　安徽省

省：安徽一。

府：庐州一；凤阳一；颍州一；太平一。

州县：a. 安庆府属：怀宁二；望江二；桐城一。

b. 徽州府属：歙县一；休宁二；婺源一；黟县一；绩溪一。

c. 宁国府属：宣城一；泾县二；泾德二；南陵一。

d. 池州府属：石埭一；青阳一。

当涂一；广德一；和含（和州、含山）一。

旧有已废：徽州（府）一；太平（府）一；芜湖一；贵池一；宣城二；泾县一。

共二十七；废七。

十　浙江省

省：全浙二。

府：杭州一；嘉兴一；吴兴（湖州府）一；宁波一；稽山

（绍兴府）一；金华一；严州二，（内一名严陵）；台州一；温州二，（内一名浙瓯）；处州一。

州县：仁、钱（仁和、钱塘）一；鄞县一；慈溪二，（内一为成衣行馆）；镇海慈溪一；山会（山阴、会稽）一；萧山一；余姚一；上虞一；海昌（海宁州）一；常山一。

旧有已废：武林（杭州府）一；江山一；兰溪一；海昌一；严州（府）一；鄞县一。

共二十五；废七（编按：似应为六）。

十一　江西省

省：江右一；江西公所（可能商人会馆）一。

府：南昌二；吉安三；抚州一；南康二；赣州一；赣宁（赣州府，宁都直隶州）二；临江四；南安一；九江一；袁州一；广信一。

州县：a.南昌府属：新建一；奉新二；丰城三；靖安一；武宁一。

b.饶州府属：鄱阳一；乐平一。

c.建昌府属：南城三；新城一；南丰一。

d.抚州府属：临川一；金谿二；宜黄一。

e.吉安府属：庐陵一；安福一；永新一。

f.瑞州府属：高安一；上新（上高、新昌）一。

g.袁州府属：萍乡一；万载一。

旧有已废：江西（全省）一；建昌（府）一；抚临（抚州、临江两府）一；浮梁二；德兴一；广丰一；武宁一；义宁一；进贤一；分宜一；泸溪一；永丰一；奉新一。

共四十七；废十四。

十二 湖北省

省：湖广（与湖南共）一；郢中（疑系全省）一。

府：汉阳一；荆州一；襄阳一；宜昌一；安陆一。

a. 武昌府属：江夏一。

b. 汉阳府属：黄陂一；孝感一。

c. 黄州府属：黄冈一；蕲水一；蕲州二；麻城一；黄梅二。

d. 安陆府属：锺祥一；京山一；天门一。

e. 德安府属：应山一；应城一；云梦一。

f. 州：兴国一；沔阳一。

g. 存疑：陆安一（可能为安陆府，亦可能为德安府之安陆县）。

旧有已废：郢中一；蕲州一。

共二十六；废二。

十三 湖南省

省：湖广（与湖北合）。

区域性：上湖南一。

府：长沙二；岳阳（岳州府）一；常德一；宝庆一；澧州一；永州一；辰沅（辰州、沅州两府）一；永、靖（永顺府、靖州）一。

州县：a. 长沙府属：善化一；湘潭二；湘乡一；浏阳一。

b. 岳州府属：巴陵一。

c. 常德府属：武陵一。

共十七；（未计湖广会馆）。

十四　四川省

省：四川四；四川公所一（可能为商业性）。

区域性：川东一；川西一。

府：成都一；重庆二；潼川一；夔州一；叙州一。

州县：酉西（酉阳州，或包川省东南隅数县）一；泸州一；武阳（即彭山县，属眉州府）一；理化（或包川康边境数县）一。

旧有已废：四川（省）一。

共十七；废一。

十五　福建省

省：全福一（光绪《顺天府志》作全闽）。

府：福州一；泉郡（泉州府）一；漳州二，（内一名漳郡）；延平一；邵武一；建宁二；汀州一；延、邵（延平、邵武两府纸商所建）一。

州县：a. 福州府属：福清一。

b. 泉州府属：晋江二；惠安二。

c. 漳州府属：龙溪一；漳浦一。

d. 建宁府属：浦城二。

e. 兴化府属：仙游一；莆阳（莆田）一。

f. 其他：龙岩一；永春一；德化一；宁、浦（福宁州、霞浦县）一。

旧有已废：同安一；浦城一。

共二十六；废二。

十六　广东省

省：粤东二；仙城一（粤商所建）。

府：广州二；广州七邑一；潮州五，（内二称潮郡）；惠州一；肇庆二；高州二，（内一称高郡）；廉州一；雷阳（雷州府？）一；琼州一。

州县：a. 广州府属：南海、番禺一；顺德二；香山一；新会二。

b. 其他：三水一。

旧有已废：南雄（州）一；韶州（府）一；嘉应（州）二；顺德一。

共二十六；废五。

十七 广西省

省：广西六；粤西一。

州县：平乐一。

共八。

十八 云南省

省：云南四。

共四。

十九 贵州省

省：贵州四。

区域性：贵西一。

共五。

由上表看来，直隶因系畿辅，盛京奉天与畿辅关系密切，山东河南与畿辅较近，故在京师无设置多数会馆之必要。北方诸省中惟山西郡邑在京会馆较多，似与晋商的活动不无关系。如人文极度落后的甘肃，全省仅有两馆。计华北七省包括奉天共仅有

86 馆及 13 已废旧馆。西南四省，四川、广西、云南、贵州皆以省馆为主，为数共仅 34。

反观长江流域六省，江苏、安徽、浙江、江西、湖北、湖南及东南濒海福建、广东，八省合计共有 214 馆，占清季北京会馆总数百分之六十以上。其中尤以江西馆数最多。自上引朱轼一文，大约自晚明即一直如此。这现象反映江西特殊的文化与制度传统，自南宋以来即对贡士庄、书院等等备极注意。明代江西科第居全国第三，仅亚于浙江、江苏；以府论则吉安为全国之冠，在明初百年之中尤有称霸之势[1]。景泰七年（1456）吉安陈循的奏章对此种特殊风气解释最为清楚：

> 自昔四民之中，其为士者有人，而臣江西颇多。江西各府而臣吉安又独盛。盖因地狭人众，为农则无田，为商则无资，为工则耻卑其门地，是以世代务习经史。父子叔侄，兄弟族姻自相为师友，十常二三。往往散至四方，训教社学取束脩以为生，其风俗如此。[2]

降及清代，吉安及江西人文已远不如江浙之盛，但凡先代业经试办有裨科举诸举，仍极热心，故京师郡邑会馆独多。江、浙郡邑在京会馆之数虽不如江西之多，但除徐州、海州、衢州外各府州皆有府州馆，至少各府中繁盛州县自设有馆，并不靠府馆或

1　详拙著 *The Ladder of Success in Imperial China*, ch.6, "Regional Differences in Socioacademic Success and Mobility"。

2　《明英宗实录》，《景泰附录》，卷八六，页 7 下至 8 下。

省馆。

总之，清季北京靠近四百郡邑会馆的存在，部分地反映清代社会的价值观念与对科举制度的反应。各区域会馆的多少也部分地反映各区人文的盛衰和风气传统之不同。如江西科第清代远不如明代之盛，但仍保持明代勇于建馆的风气。

光绪三十一年（1905）科举废后，北京四百余会馆已开始丧失其试馆性质，又逐渐演变回到早期广泛性的同乡组织。Gamble 氏于民国十年左右调查，北京的会馆已经变成了仕宦、学生、商旅公共的同乡俱乐部和旅馆，各省旅京人士每年寄宿会馆的，不下两万五千人。至于人文商业两俱落后的地区，其在京会馆只有日趋衰落，国都南迁之后，甚至无形消灭。民国廿四年田蕴瑾所编的《最新北平指南》仅列 59 个会馆，其调查虽远欠周密，但部分地反映迁都之后，北京一般会馆之不易维持。

一般方志既不提当地在京师所建的会馆，自更忽略当地为童生赴府城投考生员而设的府城试馆，和为生员赴省城投考举人而设的省垣试馆。但方志中亦偶有记载，如广东顺德在乾隆期间于广州城外建有"邑馆"，"诸乡绅及赴试文武生童必于此雇夫挑装入城"[1]。湖南邵阳于道光甲申（1824）在长沙建立省城"试馆"[2]。湖南湘乡和酃县亦皆有省垣试馆。同治1873版《酃县志》刊刻有该县在省垣长沙所建试馆图，正门有"酃县试馆"匾额，正厅有"共登青云"匾额，后厅匾额镌有捐款建馆人姓名，创于道光

1 《顺德县志》（咸丰1854），卷五，页6下至7上。
2 《邵阳县志》（光绪1875），卷四，页25上下。

三年（1823）[1]。民国《临海县志稿》刊有杭垣《临海试馆征信录》全文，为记载省垣试馆最详文献。惟该县在杭两所试馆均迟迟于光绪二十五年（1899）始行创建[2]。忆及幼时先严偶谈家乡故实：金华一府八县，除金华系府城无需府试馆外，其余七个属县在府城似皆有试馆。全府中至少金华、兰溪、义乌、东阳、永康五县在杭垣均设有试馆。所经涉猎文献中，省垣试馆设立最早者为南昌之乐平试馆。乐平建立会馆于北京是在万历三十四年（1606），其"省垣会馆"何年建立虽不可确知，但早在康熙三年（1664）已"因年久圮坏"而加重修，所以很可能亦创建于明季。此外，乐平在饶州府城鄱阳亦设有"试馆"，惟年代不详[3]。鄱阳在南昌的"省城会馆"创建年代失考，惟嘉庆间毁于火，故亦必较他省郡邑类似的省垣试馆创兴为早。再鄱阳本身虽系府城，仍有"郡城试馆"，嘉庆十三年（1818）重建扩充[4]。吉安府属的泰和县当同治期间在南昌已设有试馆五所，曰"泰和试馆"、"云亭试馆"、"琼林试馆"、"书升试馆"、"五六试馆"。"五六试馆"为该县五十六都人士所独建，专为该都赴省乡试试子所设[5]。

　　方志虽对此类有关资料极为忽略，但就零散的记载推想，各省中以江西郡邑对省垣及府城试馆创兴最早。再就江西郡邑在北京所建会馆独多一点推想，大约江西郡邑在清代所设省垣及府城

---

1 《湘乡县志》（同治1874），卷四上，页31上；《鄱县志》（同治1873版），"省试馆图"。

2 《临海县志稿》（1935），卷五。

3 《乐平县志》（同治1870），卷四，页83上至94下。

4 《鄱阳县志》（同治1871），卷七，页15上。

5 《泰和县志》（光绪1878），卷三，页16上下。

试馆亦最普遍。泰和一例颇可反映江西郡邑对试馆制度的特殊注意。就常情揣测，科举制度深入人心既如此之久，凡是人文经济不太落后的州县，在有清一代，尤以晚清，设有省垣及府城试馆者必不在少。在南方诸省想必比较普遍。

第四章
会馆的地理分布（上）：
商埠、省会、一般州县、工商镇市

关于北京以外全国各地的会馆，因缺乏全面性的资料，无法作详尽的统计。前此中外学人，从研究工商行会的观点出发，多认为北京以外的会馆就是具有地缘性的工商行会。其实北京以外全国各地的会馆的性质相当复杂，种型不一。以下四点观察，提出讨论，以为会馆地理分布的序论。

一、北京以外诸城市的会馆，并不都是单独一种行业或结合几种行业的地缘组织。内中有些是寄居他省城市的同乡仕宦的俱乐部，其性质颇类似明代北京最早的会馆。例如《中国海关（第二次）十年报告》（*China Maritime Customs, Decennial Reports, 1892-1901, 2nd Issue*）页29，叙述杭州的各省会馆时，特别指出内中除江西会馆为该省商人所建，亦为商人掌管以外，"一般皆为各该省［旅杭］绅宦所捐资建造"。据作者个人研究经验，各省垣及较大都市的"八旗奉直会馆"几无不皆系满、蒙、汉军八旗文武游宦之人的俱乐部。至于直隶省或顺天府商人在外省所组合的同乡组织，多半称为"京都社"[1]。一般省会因是行政中心，

1　详本书第六章，"丙　归绥之例"。

其当地的各省会馆可能大多趋向异省仕宦俱乐部的性质。

二、即使是本籍在外乡从事工商之人所组成的会馆，同乡宦游之人和过路举子也一向可以享用，多少具有同乡旅馆的性质。如顺治年间创建于苏州的潮州会馆，凡该郡"士商往来吴下"者皆得"憩游燕息其中"[1]。据作者个人对明清社会较全面研究的结果，明清两代虽然轻商之习尚存，但商人的社会地位，往往因其财富，实际上远较一般平民为高。自明中叶以降，殷实之家捐监之风日盛，至清代商人捐监捐衔极为普通，更促进"仕商"和"士商"之间隔膜之消除[2]。现存会馆碑记中往往各馆司董之中有监生和捐衔之人，这类司董并不是如加藤繁所想象的"商人以外之大有力者"[3]，其实就是商人。这种"仕商"和"士商"之间并无隔阂，也可从会馆资料中充分反映出来。如潮州人马登云，乾隆1772年成进士，"以铨选有待，暂归旧里"，途中过苏，被推为苏州的潮州会馆董事，至少充任三年之久[4]。

三、一般城市的会馆，虽大多是同乡从事商工的人所捐建，但"仕商"合捐之例亦颇不少。如万历期间创建于苏州的岭南会馆，历次募款都是由"仕""商"合捐[5]。苏州的汀州会馆，虽原为"上杭六串纸帮集资创建"，但后来正式改为"官商合办"。光绪八年（1882）筹建苏州两广会馆，56同乡捐款人和

1 《江苏省明清以来碑刻资料选集》，页 344。

2 详拙著 The Ladder of Success in Imperial China, ch.1,Section 3。

3 加藤繁，《支那经济史考证》，下册，页 565。

4 《江苏省明清以来碑刻资料选集》，页 340 至 341。

5 同上，页 337 至 338。

商号之中，37 人皆系官吏[1]。再如汉口的新安公所，创于康熙七年（1668），徽州会馆创于三十四年（1695），二者都是"徽属六邑仕商合组"[2]。重庆的各省会馆，虽大多系商人在康熙一朝所捐建，但福建会馆一向"顶子多"，内中官吏的成分必定甚高[3]。

四、据作者个人研究明清人口迁徙的结果[4]，东南数省平民，尤以江西、福建、广东平民，不断移入两湖；自四川盆地明末遭张献忠屠杀，更大批实川。此外，自康熙末年至道光末年，长江流域广大的山区，不断地吸收移民，全部汉水流域及秦岭以北，亦逐渐为移民所开发。这些长期大量西移的客民，在长江中、上游诸省建立了很多的会馆。这类会馆，前此学人多不注意，其性质与大都市中商工性质的会馆迥异。此类因大批移民所产生的会馆，当于本书第五章详论。

至于京师以外各处会馆建立的年代，早者可溯至明代万历（1573—1619），晚者建于清末民国。据《江苏省明清以来碑刻资料选集》，苏州碑记年代可寻的 27 个会馆（会馆总数远不止此），岭南和三山（福建）两馆创于万历，其余建于顺治朝（1644—1661）者一，康熙朝（1662—1722）者六，乾隆朝（1736—1795）者八，嘉庆朝（1796—1820）者二，同治朝（1862—1874）者三，光绪朝（1875—1908）者五；南京的潮州会馆建于晚明。这些基本上属于商业性的会馆，其创建年代与北

1　《江苏省明清以来碑刻资料选集》，页 358 至 359；页 345 至 351。

2　《夏口县志》（民国 1920），卷五，页 22 下至 23 上。

3　窦季良，《同乡组织之研究》（正中，1946），页 31。

4　详见拙著 *Studies on The Population of China, 1368-1953*, ch.7。

京的地缘性商人会馆成立年代大致相符。据加藤繁及仁井田陞的调查，北京商人会馆年代可考者十，现存各馆最早碑记或匾额之中，康熙朝五，雍正朝一，乾隆朝三，光绪朝一[1]。惟两氏调查之北京十馆之中，福建纸商所建之延邵会馆，虽现存碑记最早为乾隆，据《闽中会馆志》则实创建于万历。此外如重庆之八省会馆，多数皆创建于康熙[2]。汉口之百数十会馆与公所，据民国《夏口县志》，最早者创建于顺治，过半数皆建于清中叶以后及民国初年[3]。安徽泾县的丝商，早在万历期间已在湖州双林镇建了"式好堂"，即是泾县旧会馆，在崇祯戊寅（1638）已在芜湖建了"卉木庵馆"，亦即泾县会馆[4]。再天启（1621—1627）间广州已有宁绍义冢，万历丁酉（1597）海南岛儋县已有天后宫，至清初始改名为广［州］府会馆，随又改名为福［建］潮会馆[5]。似乎自万历起，会馆在全国若干城市中已经不是稀有的现象，至清代则大为普遍。

＊　＊　＊

北京以外全国各地会馆的地理分布大略，虽无全面性资料可凭，海关曾自 1891 年起，每十年出版一次商务报告。第一、二次报告曾调查大小 34 个商埠及非正式商埠城市的会馆，至今仍

1　仁井田陞，《中國の社會とギルド》，页 128 至 129，全表。

2　窦季良，《同乡组织之研究》，页 22。

3　《夏口县志》，卷五。

4　《泾县志》（嘉庆 1806 版，民国影印），卷十，页 36 上。

5　《番禺县志》（同治 1871），卷一五，页 23 上下；《儋县志》（民国 1934），卷四，页 12 下至 13 上。

为范围最广的调查。兹依海关报告原来次序，列举各地会馆之名，凡其他文献可供参照者，均附注于各相关城市。

一 沈阳 计有直隶、山西、山东、三江（江苏、安徽、江西、浙江）4 会馆。直隶会馆建于康熙，最早。

〔作者按：民国六年（1917）《沈阳县志》卷一，列举闽江、浙江、湖广、山东、山西、安徽、畿辅 7 馆。〕

二 盖平 计有山东、山西、三江、福建 4 馆。

三 金州 仅有山东会馆。

四 锦州 仅有安徽会馆。

〔作者按：辽宁方志中，民国十三年（1924）《海城县志》页19，列有山东、直隶、山西 3 馆并三江公所。再根岸佶，《支那ギルドの研究》，页 324，营口于 19 世纪中叶已有三江、广东、福建 3 会馆。〕

五 芝罘 计有潮州、福建、宁波、山东 4 馆，内以潮州一馆最占势力，山东馆则系本省他邑众商共建。

六 重庆 1893 年所出《中国海关第一次十年报告》，起1882 年，终 1891 年，列有广东、浙江、福建、湖广、江西、江南（江苏及安徽）、山西、陕西等 8 馆，虽总称为八省会馆，事实上代表 10 个省份。《中国海关（第二次）十年报告》，起1892年，终 1901 年，又加列云贵公所。

〔作者按：海关所列仅为各省会馆。事实上省会馆创建若干年后，又往往分建府县会馆。如重庆的湖广会馆创建于康熙年间，嗣后又建有武昌、汉阳、黄州、宜昌、常德、宝庆等府会馆、齐州会馆及咸丰等县会馆。黄州会馆建于嘉庆二十二年

（1817），而县馆如咸丰之类大约建于道光或更晚。见窦季良《同乡组织之研究》，页34。窦书所举"齐州"即是黄州。再两湖与四川关系最为密切，故有府州县若干会馆之建，其他省份，纵偶有分建，想亦不如湖广之广。]

七　宜昌　计有四川、江西、湖南、福建、武昌、汉阳、黄州等7馆。内以四川、江西、黄州三馆操纵盐糖两业，最占势力。

八　汉口　计有湖南、山西、陕西、浙江、江苏、江西、山东、河南、广东、福建、安徽等10馆，代表11省份。

[作者按：海关所举不过为重要省馆，仅列省份，不具馆名。事实上汉口会馆最多，不少"公所"亦具有显著地缘性，实与会馆无大区别。民国九年（1920）《夏口县志》卷五"建置志"中列举甚详。计有：1.新安公所；2.怀庆会馆；3.江南京南公所；4.徽州会馆；5.岭南会馆；6.江苏会馆；7.江浙公所；8.万寿宫（康熙间江西南昌、临江、吉安、瑞州、抚州、建昌六府众商合组而成，实即江西会馆）；9.福建会馆；10.山、陕西会馆；11.金庭会馆（按金庭为苏州洞庭西山之名）；12.齐安公所（黄州帮商人所建）；13.元宁会馆（上元、江宁）；14.覃怀中州会馆；15.宁波会馆；16.上元会馆（上元杂货、海味、糕饼、香烛、糟坊、酱园等业另建）；17.咸宁会馆；18.京江会馆（江苏、丹徒、溧阳、丹阳、金坛）；19.辰州公所；20.仁寿宫（江西临江府会馆）；21.宝庆会馆；22.帝主宫（即黄冈、麻城、黄安三邑会馆）；23.老君殿（黄陂烟袋帮所建）；24.广义公所（罗田、麻城茯苓商人所建）；25.孝邑公所（孝感商船业建）；

26. 湖广总会馆；27. 太平会馆（安徽宁国府太平县商人所建）；28. 河南船帮公所（南阳、新野、邓县三邑船帮合建）；29. 南城公所；30. 黄陂公所（陂邑商船公会）；31. 安苓公所（安徽、潜山、太湖、英山、霍山、六安五邑苓商所建）；32. 苏湖公所（苏州、湖州两帮合建）；33. 旌德会馆；34. 平江商业公会；35. 齐鲁公所（即山东会馆）；36. 商船公所（湖北兴国、汉阳、郧阳三府船帮合建）；37. 陂邑铁帮老君殿；38. 萍醴公所（江西萍乡与湖南醴陵商人合建）；39. 陂邑山货公所；40. 钧许公所（河南禹州及许州杂货土果商人合建）；41. 安徽会馆；42. 旅汉棉业公会（湖北他邑及湖南常德、衡州棉商合建）；43. 绍兴会馆；44. 轩辕殿（黄州、孝感、汉阳成衣帮建）；45. 潮嘉会馆；46. 香山会馆；47. 长郡会馆（长沙）；48. 洪都公所（即南昌会馆）；49. 南昌钱业别墅；50. 川邑正记船帮公所；51. 兴通公所（兴国及通城商人合建）；52. 琴溪书院（《泾县志》卷一〇，页 36 上，即泾县会馆，康熙四十年建）。汉口本镇商人所建之会馆与公所，以及地缘无法确定之组织，尚不计在内。]

九　九江　计有洪都（南昌）、盱南（建昌）、新安、浙绍、江宁、岭南、福建及江南丹阳等 8 会馆，内盱南称公所。太平乱后仅存福建、岭南、徽州、江宁 4 馆。

十　芜湖　计有江西、临清（江西临江府清江县筏业众人所建），湖南、湖北、山西、陕西、福建、浙绍、镇江、徽州、旌阳（安徽旌县）。

[作者按：民国八年（1919）《芜湖县志》卷一三所列会馆与海关报告略有不同。山西、陕西合建山陕会馆，太宿名宿太，金

斗名庐和，旌阳名旌县，浙绍名浙江，临清名潇江，镇江名江苏，岭南名广东，无广肇。此外另有潮州及安庆 2 会馆。]

十一　宁波　计有福建、广东、安徽 3 省会馆。

十二　温州　计有台州、宁波、江西、福建 4 馆，内以宁波会馆最占势力。

十三　福州　计有广东、两广、江西、江苏、安澜（？）、浙江、安徽、湖南、山陕、奉直等 10 馆。

[作者按：郑拔驾《福州旅行指南》（商务，1934）页 92 至 101，详列福州社团组织。清代各省在福州所建会馆几均不列，可能因时势大变，诸馆废颓，也可能因未改名为同乡会，郑氏不采。计此书所列之同乡会有：浙江、东瓯（温州一带）、长汀、永定（汀州府属）、长乐、福清、福宁、崇安、永德（永春、德化）。此外另有本省其他区域之地缘性商团组织，皆名曰商事研究所，计有榕北、榕西、榕南、芝西（按：莆田有芝山，疑系指莆田及以西一区）、龙台（按：可能指龙溪及台湾）等等。异省者有"浙江办木庄客公会"等。福建本省郡邑在榕城之会馆，可能清代早有，海关报告不过仅列省馆而已。]

十四　台南　计有浙江、两广、福建 3 馆。浙江会馆已有百年以上历史，多宁波船业之人。

[作者按：近年台湾银行经济研究室刊印《台湾文献丛刊》，内台湾方志种类甚多，惜对会馆并无记载，对坛祠寺观记叙亦不注源流。惟道光十年（1830）版之《彰化县志》（1962 年重行铅印）卷五，"祀典志"，页 157 至 158 页对寺庙之地缘性有具体的叙述：

"岳帝庙"：在县治东，……乾隆二十八年间，泉郡士民捐建，嘉庆年间重修。……

"保生大帝庙"：在县治南门内。嘉庆二十二年同安县士民渡台者鸠金公建。

"三山国王庙"……乾隆年间粤人公建。……凡潮人来台者皆祀焉。

"定光庵"……乾隆二十六年永定县士民鸠金公建。……

"龙山寺"……乾隆五十一年泉州七邑士民公建。……

"王爷宫"……乾隆己丑年（1769）厦商公建。……

按彰化并非台湾大埠，据此一例，即可推知清代闽南、潮州、肇庆客家商人与移民在台湾所建地缘性庙宇（即会馆雏形）之普遍。]

十五　厦门　仅有广东会馆；第二次海关报告加列琼州会馆。

[作者按：吴雅纯《厦门大观》（1937），页13，列有以下15同乡会：广东、江苏、台湾、福州、晋江、惠安、安溪、同安、南安、龙溪、漳浦、龙岩、海澄、永定、莆仙（莆田、仙游）。内中究竟若干在清代已成立会馆，虽不能详知，亦足征海关报告之简略。]

十六　汕头　省馆仅有广东及福建。商务多操于本埠及腹地诸县之"万年丰"会馆。"万年丰"会馆又分为海（阳）、澄（海）、饶（平）及潮（阳）、普（宁）、揭（阳）两系，后者尤占势力。第二次报告加列"客家八属会馆"。

十七　琼州　计有潮州、广州、高州及福建异乡4馆，此外另有琼州会馆，包括琼属各邑。

[作者按：上文指明海南岛儋县早在万历二十五年（1597）已有闽商所建之"天后宫"，清初暂改为广府会馆，随又改为福潮会馆。儋县并非全岛要港，异乡人建立会馆如此之早，颇值注意。]

十八　北海　异乡人仅有高州会馆，土著商人自建"敬义堂"。

十九　龙州　计有江西、粤东、两湖 3 馆。1890 年湖北商人捐资，始易湖南会馆之名为两湖会馆。

二十　蒙自　计有江西、南昌、吉安、福建、川贵、两湖 6馆。诸馆创建甚早，至少 2 馆建于康熙，2 馆建于乾隆，实因清初开发个旧锡矿之故。第二次报告增临安（云南）府会馆。

二十一　胶州　宁波及福建商人水手合建一馆，而未举名。

[作者按：民国十七年（1928）《胶澳志》卷三"民社志"、"结社"节，页 101 下至 103 上，列有以下会馆及同乡会，并附简明历史：

　　齐燕会馆于前清光绪年间成立。初由山东、天津各帮商号组织。……三江会馆于前清光绪年间成立，初由苏、浙、皖、赣四帮商号组织。……广东会馆于前清光绪年间成立，初由广东帮商号组织。……民国十一、十二、十三、十四年度山东旅居青岛人士及青岛当地人士纷纷成立同乡会。计有平度、青岛、即墨、莱阳、武定、黄县、高密，东（昌）临（清）十四县，济南十六县，披县、胶县、临沂、潍县、昌邑、海阳、田横岛等同乡会。另有"宁波旅青同乡会"，民国十一年成立，会员四百余人，建有会馆，在台西寿张路。对于旅青之贫困或死亡者，间有施助资金棺木。

按宁波人在青岛建立会馆较早，故独见于海关报告。《胶澳志》所叙民国十一年始行成立同乡会，实则始由会馆改名为同乡会。以此类推，山东郡邑在青岛之有会馆及公所组织，必不自民国始。]

二十二　沙市　计有山陕、湖南、江浙、徽州、江西、福建、金陵、中州、武昌（亦名"鄂城书院"）、汉阳（亦名"晴川书院"）、黄州（亦名"帝主宫"）、安陆、荆门等 13 馆，湖北五馆皆府州馆。

二十三　岳州　计有江西一馆，惟江南商人业已购地筹建会馆。

二十四　南京　计有安徽、江西、湖北、湖南、浙江、两广、福建、山东、陕西（山西商人可参加）、四川、中州、八旗等 12 馆。

[作者按：甘熙，道光十九年（1839）进士，所著《白下琐言》，专道金陵故实。现有本虽刊于同治五年（1866），其中所述当系洪杨以前史实。此书列举以下会馆：中州、三楚、旌德、泾县、太平、贵池、新安、庐江、石埭、洞庭、崇明、浙东、湖州、山西、山东、陕西、全闽、三河、江西等 19 会馆，与清季情形颇有不同。]

二十五　镇江　洪杨乱前诸馆不详，乱后重建完成者，计有北五省会馆（直隶、山东、河南、山西、陕西）及广东、浙江、福建、庐州、新安、旌太、江西等 8 馆。

二十六 **上海** 计有宁波、绍兴、钱江（杭州）、徽州、山西、江西、泉漳、潮惠、潮州、揭普丰、广肇、三山、蜀商、京江（镇江）等 14 馆。内广肇名公所。

〔作者按：海关报告无疑过于简略。商务 1926 年刊行《上海指南》，卷二所列会馆公所最详。根岸佶，《支那ギルドの研究》（东京，1940），页 125 至 172，及其《上海のギルド》（东京，1951），所列会馆公所虽不如《上海指南》之多，且偶有出入，惟每附及创建年代。兹以《上海指南》为主，根岸佶著作为辅，罗列如下：

（甲）正式称为会馆者，本省郡邑计有：1.苏州；2.常州八邑；3.淮安；4.金庭（洞庭西山）；5.洞庭东山；6.通如崇海。浙江诸郡邑计有：1.钱江（杭州）；2.嘉郡（嘉兴）；3.湖州；4.浙宁；5.浙绍（亦名"永锡堂"，有馆两所）；6.定海；7.舟山。福建郡邑计有：1.三山（两所，一亦名建〔宁〕汀〔州〕，创于 1796 年；一为福州、建宁两府合建，创于 1897 年）；2.泉漳（两所，内一建于 1757 年）。广东郡邑计有：1.潮州（潮属海阳、澄海、饶平所立，建于 1783 年）；2.潮惠（潮阳、惠来二县所立，创于 1839 年）；3.揭普丰（创于 1886 年）；4.南海（称邑馆）；5.顺德（称邑馆）。安徽计有：1.全皖；2.徽宁（徽州、宁国两府，创于 1754 年）。其他诸省计有：1.江西（建于 1849年）；2.湖南（建于 1886 年）；3.湖北；4.楚北；5.晋业；6.顺直（顺天、直隶）；7.山东（两所）。计共会馆 29，建筑 33。

（乙）正式称公所者，本省郡邑计有：1.江宁（建于 1880年）；2.平江（两所，即苏州）；3.苏州集义公所；4.丹阳；

5. 京江（即镇江，1869 年建）；6. 淮扬；7. 扬州八邑；8. 江阴（1909 年建）；9. 浦东。浙江郡邑计有：1. 四明（宁波七县共建，两所，内一建于 1797 年）；2. 沪北四明崇义公所；3. 浙绍（建于乾隆）；4. 八婺（金华八属共立，亦名浙金公所，建于 1880 年）；5. 浙严；6. 台州（1902 年建）；7. 海昌（即海宁，1902 年建）；8. 定海（两所）。其他省邑计有：1. 全皖；2. 皖商；3. 蜀商；4. 晋安；5. 广肇（创兴或较早，1872 年重建）。地缘未能确定者计有：1. 宝善；2. 北长生。计共公所 24，建筑 27。

（丙）专业公所地缘确定者，示例：如江浙运沙船同业公所，江浙渔业总公所，浙绍哗布公所，浙绍水木业公所，浙宁水木业公所，金华腿业公所，驻沪常熟米商北公所，齐安公所（湖北黄州府属烟叶业公所），鲁豫堂（山东、河南绢商公所，建于 1901 年），汉帮粮食公所（建于 1901 年）。此外本地及宁绍专业公所甚多，不胜枚举。〕

二十七 苏州 计有八旗奉直、山西、中州、武安、安徽、新安、宣州、元宁（南京）、钱江（杭州）、武林（杭州）、浙嘉、浙宁、浙绍、金华、三山、汀州、霞漳、岭南、冈州（佛冈，属广州府）、嘉应、两广、江西、湖南等 23 馆。

〔作者按：1959 年出版之《江苏省明清以来碑刻资料选集》，"附录"列有苏州会馆详表，与海关报告颇有出入。计有岭南、嘉应、宝安、冈州、潮州、两广；仙城、三山、漳州、汀州、邵武、仙翁、泉州、延宁（延平、建宁两府，该书附录列入陕西，误）；钱江、全浙、浙宁、金华、吴兴、东越（绍兴）、浙绍、武林、全晋、陕西、中州、武安、东齐、八旗奉直、云贵、湖南、安徽、徽郡、新安、宣州及大兴（非地名，江苏各府木商所建，创于康熙十九年（1680），后允他省木商参加），高宝、江宁、宁吴、毗陵（常州）；江西，共40馆。如此综集碑刻资料，尚不能全无遗漏，如嘉庆《泾县志》卷一〇页36，"宛陵会馆在苏州"，至晚建于乾隆初年。此外，据同书"附录"所列行会公所，其地缘性可以确定者，计有经业公所（震泽），浙绍公所（咈布染坊），锦文公所（本地顾绣），玉业公所（金陵回教徒专立），珠昌玉业公所（苏州本地），打铁业公所（无锡），梓义公所（苏州光福镇香山帮水木匠业），江北航业公所，江镇公所（剃头业），元宁（南京皮业），咏勤公所（本地百货业），二水炉公所（溧水），猪业公所（常州），浙南公所（严州粗纸箬叶），兰溪公所（火腿腌腊），坤震公所（宁波煤炭业），花商公所、花业公所（福建，以长乐最占势力，间亦有粤商参加）。此外尚有回教徒设立之梁溪公所（羊肉面业）及梁溪膳业公所，其余地缘无法确定之公所尚多。]

二十八 杭州 海关报告仅云各省几皆建有会馆，而未列其名。内除江西会馆为该省商人所建外，其余省馆均各省旅杭士绅所建。

[作者按：仁井田陞，《中國の社會とギルド》，页83，引《大中华浙江省地理志》："湖州、绍兴、四明、奉化、余姚在省各有会馆。"此不过任举数例，并未详列，再加各郡邑试馆，总数必甚多。]

二十九 广州 海关报告仅云各省邑会馆共23，最晚建者为八旗奉直会馆，创于1890年。

[作者按：喻守真、葛绥成、周白棣合著之《全国都会商埠旅行指南》（中华，1926），页224至225，共列广州会馆25所：奉直、山陕、江西、江苏、福建、四川、云贵、云南、广西、湖北、湖南、安徽、杭嘉湖、浙绍、宁波、金陵、漳州、湄州（可能指莆田），新安及本省之肇庆、八邑（潮属八邑），嘉属（嘉应州）、惠州、钦廉，另有西湖会馆，地缘不详。再广州市政府于1934年刊行之《广州指南》，页450，虽仅列18会馆，内中云浮及增城两馆为以上25馆中所无。]

三十　梧州　计有广东、湖广及三江两浙3馆。

三十一　桂林　计有广东、江西、福建、四川、两湖、湖南、浙江、江南、云贵、新安等10馆。

[作者按：喻守真等之《全国都会商埠旅行指南》，页255至256，列举桂林12会馆：广东、两湖、湖南、江西、福建、浙江、江南、云贵、北七省、四川、新安、庐陵。]

三十二　昆明　计有两广、两湖、江西、四川、贵州、浙江、江南等省会馆及具有联合性的八省会馆，省馆之外另有湖北黄州及本省临安2府馆。

[作者按：昆明会馆远不止此，如抗战期间西南联大工学院即在迤西会馆，就记忆所及，尚有本省若干州县会馆，如玉溪之类。再光绪十三年（1904）《昆明县志》，城外街巷图中即有迤西会馆、豫章（江西）会馆及浙绍乡缩。卷四"祠祀"下，页28上至29上，"寿佛寺"，一名"禹王宫"，康熙1684年建；"兴福寺"，康熙三十四年（1695）江南客民建，可见昆明会馆渊源甚早。]

三十三　思茅　计有江西、湖南、四川、贵州4省馆，及云南本省迤西道属郡邑共建的迤西会馆，并石屏、新兴二州馆（新兴州民国改为玉溪县）。

三十四 天津 计有山西、江西、闽粤、江苏、浙江、宁波等6馆。

[作者按：张焘，《津门杂记》（1885），卷上，页10上下，列有山西、闽粤、江西、山东济宁、绍兴、怀庆等会馆。另有岭南栈及潮帮、邵武、庐阳、吴楚等公所。]

从海关不完全的调查统计和作者所加的补充资料，可以看出会馆的建立不限于大的商埠与都会。汉口、上海、苏州、广州、杭州等大都会会馆固然最多，但即使是极为偏僻的思茅、蒙自、龙州、台南，甚至海南岛的儋县，也都有他省他郡客商所建的会馆。

* * *

海关调查的34个城市之中，沈阳、南京、杭州、福州、广州、桂林和昆明7个城市同时也是省会。省垣虽一定有相当的商业活动，如广州、福州同时也是全省商业中心，但一般讲来，省会的最重要性能是行政的，不一定是经济的。省垣的会馆从以上7例已可看出大概，今更从其他资料加以补充：

一、济南 详叙济南会馆的资料，至今尚未见到。幸而民国十四年（1925）的《历城县志》有一比较详细的城区内外的地图。据此图可知济南有八旗奉直、中州、山陕、江南、浙闽、湖广等6馆，代表11个省份。此外另有皖江公所，建在"李公祠"（李鸿章祠）旁，很像是从江南会馆中分出另建的。福德会馆大概是从浙闽会馆中分出，为福建郡邑人士建的。再则地图中虽无绍兴会馆或公所，但有浙绍乡祠，至少已是绍兴会馆的雏形。

二、开封 各版《开封府志》和《祥符县志》对会馆及地缘性的异乡人所建祠庙，丝毫没有讨论。近代开封游记指南之类的书亦尚未见到。惟白眉初《中华民国省区全志》（中央地学社，1926），第三册，河南省志，省城开封图中有"两湖乡祠"和"老会馆街"。此图亦不详列会馆，但自以上鳞爪可以推想开封也一定有若干省邑的会馆。

三、太原 山西民社1936年刊印的《太原指南》，页106至108详列各省会馆和本省各县会馆。省馆计有：八旗、四川、河南、湖广、浙江。本省各县会馆则有50之多：1.太原，2.榆次，3.太谷，4.祁县，5.文水，6.汾阳，7.孝义，8.平遥，9.介休，10.临县，11.方山，12.长治，13.长子，14.屯留，15.襄垣，16.潞城，17.壶关，18.黎城，19.平顺，20.泽郡（泽州府属），21.沁县，22.沁源，23.平定，24.寿阳，25.清源，26.大同，27.浑源，28.定襄，29静乐，30.代县，31.五台，32.崞县，33.繁峙，34.临汾，35.洪洞，36.曲沃，37.汾城，38.蒲州（府），39.临晋，40.虞乡，41.夏县，42.芮城，43.垣曲，44.闻喜，45.河津，46.霍县，47.灵石，48.赵城，49.解县，50.天镇［或系指旧置之天泽镇，则可能为汾州府］。

四、西安 新旧长安、咸宁县志均毫无相关记载。王望，《新西安》（西安，1940），页37，列以下会馆：浙江、绍兴、燕鲁沈吉黑五省、中州、山东、山西、湖广、江西、两江、江苏、福建、三晋、甘肃等13馆。另有各省义园13处。会馆中虽无广东之名，但西安却有广东义园。

五、皋兰　民国 1917 年《皋兰县志》，卷一二，页 36 上下，列有以下会馆，并有兴建年代：

山陕会馆，康熙四十七年（1708）建。

江西会馆，道光 1839 年建。

豫章新馆，同治 1874 年建。

江南会馆，道光 1839 年建。

江南新馆，光绪 1878 年建。

浙江会馆，道光 1841 年建。

陕西会馆，咸丰 1855 年建。

两湖宾馆，同治 1864 年建。

四川会馆，同治 1874 年建。

广东会馆，光绪 1877 年建。

云贵会馆，光绪 1892 年建。

八旗奉直豫东会馆，光绪 1891 年建。

此外尚有本省之秦州试馆，建于光绪 1879 年及安肃镇迪试馆，建于 1882 年。

［作者按：海关报告岳州关报告中附及岳州及常德两府商人在皋兰合建之会馆。揣想中因左宗棠及刘松山、刘锦棠叔侄这支湘军平定陕甘新疆回乱期间，湖南人不但在西北军政界占势力，且有不少湖南滨湖产米区域商人在西北承运军粮，从事贩贸。］

六、怀宁　怀宁虽是安徽省会，并不是全省的商业中心。民国廿四年（1935）《怀宁县志》卷四，列有以下的会馆：江苏、浙江、江西、湖广、湖北、湖南、福建、两广、河南、八旗奉直等 10 个省馆，和本省的徽州、泾县、旌德 3 馆。

七、南昌　北美现有南昌和新建两县志各版均未提及会馆。但同治1870年《南昌县志》和同治1871年《新建县志》城区图中皆有"天后宫"，应该就是福建会馆。海关报告芜湖关章内，有附表略举芜湖人士所熟知的安徽省、郡、邑在他省所建的会馆，内中列有南昌的徽州会馆。再嘉庆1806年《泾县志》，卷一〇，明明指出康熙四十年（1701）泾县人士在南昌建"赏溪书屋"，在吉安府城建"辅仁堂"，实即泾县会馆。以南昌人文之盛，历史之久，再参证其他省垣及江西、九江、吉安和铅山（详下）他省邑会馆之设，可以断言南昌必有不少会馆。既已确知南昌有安徽的府、县二馆，则若干省馆之设自不待言。

八、长沙　现有长沙和善化县志，体例与一般方志同，叙坛庙祠祀仅及官方批准正式有祀典的，而不及民间"群祀"。因此并无对会馆的明白记载。但同治1871年《长沙县志》，卷一四，页14上，"天后庙在善化境内……福建会馆内"。据此，及本书第五章所列湖南其他郡邑之他省邑会馆，长沙必有若干异省、郡、邑会馆。

九、成都　同治1873年《成都县志》，卷二，页12上至13上，详举会馆如下，并多及创建年代：

1. 陕西会馆，在陕西街，"与三官庙同建……于乾隆五十二年（1787）"。

2. 河南会馆。

3. 山西会馆，建于乾隆1756年。

4. 三邑会馆，地缘不详。

5. 川东会馆，同治1863年建。

6. 陕甘公所，道光 1847 年陕甘同乡捐资公建。

7. 安徽公所。

8. "万寿宫"，即江西会馆，有二，一建于乾隆 1762 年，一建于嘉庆 1803 年。

9. "南华宫"，即广东会馆，创建最早，盖乾隆三年 1738 年业已重修。另成都城外街有"南华宫"若干所。

10. "天上宫"，即福建会馆，道光 1836 年建。

11. "楚南宫"，即湖南会馆，乾隆 1793 年建。

12. "楚武宫"，即湖北会馆，乾隆 1768 年建。

13. "黔南宫"，即贵州会馆，乾隆 1768 年建。

14. "帝主宫"，即湖北黄州会馆，嘉庆 1815 年建。

再傅崇榘于宣统元年（1909）就地采访，编有《成都通览》，卷一，页 17 上至 18 上，所举会馆公所，较同治时增加不少。甲、会馆：类多在城内，就建筑言，以福建、浙江两馆为最大，河南馆两所为最小。计有：1. 广东，2. 河南（两所），3. 贵州，4. 广西，5. 浙江，6. 湖广，7. 福建，8. 山西，9. 陕西，10. 江西，11. 云南，12. 泾县，13. 吉水，14. 川北，15. 石阳（想系指川省东南隅土司区之石柱与酉阳）。乙、公所：城内外皆有，以燕鲁及两湖公所建筑最为宏瑰。按公所与会馆有时名异实同。计有：1. 黔南（两所），2. 西江（即江西，两所），3. 燕鲁（两所，即旗、奉、直、东会馆），4. 陕甘，5. 浙江，6. 安徽（两所），7. 两广，8. 两湖，9. 黄陂，10. 川东。

十、贵阳 道光 1850 年《贵阳府志》，卷三四，内外两城图中有以下会馆：江西、两湖、浙江、江南、山陕。卷三六，"祠宇副记"，页 3 上至 5 下，有各省客民兴建其乡土神宇年代。"万寿寺"乾隆 1762 年楚人建；"万寿宫"乾隆 1778 年江西客民建；"寿佛寺"道光 1829 年湖南客民建；"川主庙"道光 1840 年蜀民众建。再贵阳城外四乡亦有"万寿宫"及"川主庙"，故此类宫庙之建与商业关系小，而与移民关系大。

海关报告中 7 个省垣，除沈阳在关外，其余 6 个省会皆在中国本部。再加以上 10 个省会，本部 18 省，省会之确知有会馆者已达 16 之多。惟直隶省会清苑与湖北省会武昌（清为江夏县）文献地图俱无会馆。武昌与汉口仅一水之隔，汉口又是全国会馆最多的都市，武汉自当视为同一大都市单位。武昌与清苑至今尚未发现会馆的记载，想系由于两地志书体例的缺陷。

本部以外，清末及民国始成为省会的城市，也有些会馆的痕迹可寻。如吉林城，据《中国海关（第三次）十年报告》中的简明城区图，即有"五省会馆"和"三江义地"。"五省"似指直隶、山东、河南、山西、陕西，"三江"则系江苏、浙江、安徽、江西。绥远省会归绥，据民国 1934 年《归绥县志》卷二，有河北会馆和为本省他邑人士所建的绥远会馆与本省的凉城会馆。事实上归绥有不少地缘组织皆称作"社"，而不称会馆（详本书第六章）。据民国 1926 年《朔方道志》卷五，宁夏在未成省会之前，已有两湖、陕西、邠阳、平阳、太汾（太原和汾州二府）和宁灵等 6 个会馆。宁应指宁夏，灵应指灵武。

鉴于一般志书体例之阙，并综合以上资料，迟至清末民国，内地十八省、东三省及内蒙新建四省所有的省会都有会馆，应该是事实。

　　一般非省垣，非近代正式开埠的州县之有会馆者，以四川为最多，湖北、湖南、江西次之。这与清开国后二百年间东南沿海及长江流域的大规模超省际的移民有关。当于本书第五章详论。惟两湖、江西若干州县的会馆显系因商业活动而建立的，当于本节列举。因为大多数方志对会馆记载的忽略，本书仅能对一般州县的会馆略示数例。

　　首以扬州为例。扬州虽非省垣，亦非正式商埠，但在洪杨以前无疑义是我国大都会之一。作者所涉猎过十种以上的《扬州府志》、《江都县志》和《甘泉县志》对会馆的记载仅有一二鳞爪。美国会图书馆所藏，美军部原藏，二次大战实测的江都县城郊图中，扬州新城西南部有江西、湖北、湖南、岭南、浙绍、嘉兴等会馆，南郊有湖南义园。民国 1921 年《江都县续志》卷一一，页 18 下至 19 上，稍有补充："徽国〔朱〕文公祠，在缺口街小流芳巷，本徽州府六邑会馆。"按洪杨以前扬州会馆决不止此数。描写乾隆期间扬州最精彩的李斗《扬州画舫录》（1960 年铅印本），页 61，即明白指出扬州新城北垣当中的广储门外有"梅花书院"，"东西为州县会馆"。这些州县会馆当年集中的区域，在上述实测图中或已鞠为茂草或已沦为蔬圃。当乾、嘉之际，扬州想应是全国会馆最多的都市之一。

　　有些远不如扬州著名的城市，在近代亦未正式开埠，其会馆之多直堪与大型都市相埒。同治 1873 年《铅山县志》，卷七，页 23 上至 24 上，列举以下会馆并多有创建年代：

　　全福，计铅山县城内外共有"天后宫"五所，此馆居其一，可见闽商及客民之多。城内此馆建于乾隆二十四年（1759）。

永春。

山陕，建于道光 1823 年。

浙江，建于乾隆 1773 年。

徽州。

旌德，建于嘉庆 1802 年。

中州公所。

建昌，建于乾隆 1749 年。

南昌，建于嘉庆 1797 年。

赣州，建于道光 1810 年。

"昭武"，建于道光 1823 年。按："昭武"应指江西抚州府。
民国 1933 年四川《泸县志》，卷一，页 42 下至 47 下："抚州馆
即昭武公所。"

吉安，建于道光 1845 年。

临江，建于道光 1846 年。

贵溪，建于咸丰 1861 年。

瑞州。

共 15 馆，本省郡邑居其八。沿信江及今日浙赣铁路这一小
地区的工商中心也能有此数目的会馆。

再如湖南常德府城武陵，是湘北湖港之一。在 19 世纪初年
已有江西、江南、徽州、广东、福建、山陕等 6 馆。五十年后至
同治期间又增湖北、河南、长沙、辰沅、衡永、宝庆、靖州、黔
阳、麻阳、宿松（安徽）、庆元（浙江处州）等 11 馆[1]。其会馆数

1　《常德府志》（嘉庆 1813）卷八，页 24 上至 25 上；《武陵县志》（同治 1863）卷十，
　　页 10 上下。

目之多，可与一般省垣相比。即使毫不知名的州县，如湖北极南部洞庭湖北岸的石首，也有"天后宫"，"福建人建"；"禹王宫"，"湖南商人新建"；"万寿宫"，"江西商人建"；"镇江宫"，"武昌商人建"[1]。石首东边的邻县监利，也有"禹王宫"，为"湖南木客会馆"[2]。汉口以西的天门，江西人于乾隆二十六年（1761）已建有"万寿宫"，两年以后徽州商人又公建"新安书院"[3]。即使偏处湖北东北山区的黄安也有福建和江西会馆[4]。

湖北沿江而西和沿汉水而折向西北，不少州县皆有会馆。例如光绪 1884 年《均州志》卷六，页 23 下，即列举："关帝庙，康熙四十一年（1702）山陕商人同建"，"天后宫，道光二十四年（1844）福建商人建"，"许真君庙，乾隆四年（1739）江西商人建。"但沿江沿汉有会馆记载的湖北方志二十余种，大都并未说明系商人所建，内中不少特别注明是"客民"所建。按江、汉是超省际大规模移民的两条孔道，而且湖北江、汉之间山区腹地州县会馆之建与移民的关系远较与商业的关系为大，所以此类州县的会馆，本章中不加详列。

北方几省方志体例往往较南方诸省方志更为简陋。但北方非省垣又非商埠的州县也有会馆的踪迹。民国 1934 年河南《信阳县志》，卷五，页 1 下，"许真人庙，即江西会馆……嘉庆四年（1799）建"，"禹王宫，即湖广会馆，乾隆间建"。光绪 1899 年

---

1 《石首县志》（同治 1866）卷二，页 53 上。
2 《监利县志》（同治 1872）卷二，页 11 下。
3 《天门县志》（民国 1922）卷二，页 1 下至 2 上；页 11 下。
4 《黄安县志》（道光 1822）卷四，页 13 下。

《南阳县志》，卷三，页 18 下，仅列"天后宫"和"禹王庙"；
但城区图中却有江浙会馆、山陕会馆、辰州堂和"天后宫"。故
其坛庙中所列的"禹王庙"并非广泛的两湖会馆，而是辰州人所
独建的辰州堂。因"天后宫"与其他会馆乡祠同列，可以解释作
福建会馆。道光 1832 年河南《禹州志》，城池图中，"禹王庙"、
"万寿宫"与山西会馆同列，所以也可以断定是湖广与江西的会
馆。民国 1929 年山东《泰安县志》区图，北门外有"江浙公
所"。总之，一般州县的会馆，只有从极少数特殊用心探访成编
的方志中才能得到鳞爪的资料。例如各版《亳州志》对会馆一字
未提，近代学人因其僻处安徽西北角，又从不以工商著闻，也就
不引以为异。但钱人麟所纂乾隆《泾县志》特别用心探访，列有
泾县人在全国各地所建的会馆。洪亮吉本此体例，再加补充，所
以嘉庆 1806 年《泾县志》，卷一〇才有"公馆"一项，至晚在嘉
庆初以前泾县商人已在亳建有"金龙四大王庙"，即系泾县会馆。
再如光绪十四年（1888）的安徽《宣城县志》，卷一〇"寺观"，
页 19 下："附'万寿宫'，……江西客馆……建修与宣邑无涉，
以其在城市近地，附录以分别之。"就此诸例，可见一般方志对
会馆大都是极度忽略的，事实上应有不少一般意想不到的州县在
清代都有异乡商民所建的会馆。

　　此外，方志中偶尔可以发现特殊性的会馆。如光绪 1879 年
直隶《通州志》，城图中有"万寿宫"和"天后宫"。卷二，页
34 上："许真君庙，即江西漕运会馆。……乾隆三十年知州万廷
兰率江西各帮运丁公建，道光元年重修，改名万寿宫。"这是漕
运人丁的会馆，性质与一般会馆不同。按福建以外沿海沿江不少

地方皆祀天后，通州的"天后宫"因无具体的叙述，无法断为福建会馆。再僻远如热河的朝阳，自清初始即有"绍兴庙"。民国1930年《朝阳县志》，卷八，页1上："系清初浙绍人随县尹来朝作幕及作科房者公同捐资建修。……绍兴人有死亡者均浮厝或葬埋于该庙旁隙地。每值中元日，绍人齐集举办盂兰会，焚香致奠，敬礼神明，藉追祭其考妣云。"这是低级佐杂及幕友专设的雏形会馆，与诸省垣中各省仕宦所建会馆之属于同乡官员俱乐部者，性质不同。

* * *

中国传统对城市等级之划分，如省会、府城、州、县城之类，是大都基于行政体系，并不一定按照各地经济的发展程度。明中叶后，不少江南的村镇逐渐进入"城市化"的过程，其工商之发达往往超过该地行政中心的州县城区。我国在美某地理学家，根据州县城垣的记载以研究传统中国"城市化"问题，是不尽妥当的[1]。我国现存方志不下七千余种，县以下行政单位如镇、市、乡、里的专志不过六七十种，其中作者曾经过目的不过三四十种，体例内容大都简陋。但仅从这些极有限的镇、市、乡、里志中已发现对会馆有趣的记载。

例如以产丝著名的双林镇，在湖州府城归安城东南五十四里，早在万历年间即有安徽泾县丝商所建的"式好堂"，至康熙间正式改称会馆。此外双林镇还有金陵会馆和宁绍会馆。该镇虽

1　Sen-Dou Chang, "Some Aspects of the Urban Geography of the Chinese Hsien Capital ," *Annals of the Association of American Geographers*, Vol.42, March, 1952.

无正式徽州会馆之名，但自乾隆朝起已有新安义园。同邑的南浔镇亦以丝名。嘉庆间已有宁绍会馆，道光 1831 年又有新安会馆，光绪 1885 年又增建金陵会馆，清末闽公所又改称福建会馆。更后起的镇市，如嘉兴的黎里，19 世纪初尚无会馆，至 19 世纪末则有宁绍和新安两馆。再如扬州府城以北的邵伯镇，为运河舟楫之所经，人口不过五千家，至 19 世纪中叶，已有中州、西河、彭城 3 会馆，和"万寿宫，乾隆八年江西官商修建立碑，至十三年工竣，为其公所"[1]。

江苏吴江的盛泽镇，在清代经济远较县城区为繁荣。综合同治 1874 年的《盛湖志》，光绪 1900 年的《盛湖志补》和《江苏省明清以来碑刻资料选集》，该镇计有任城会馆，康熙 1675 年山东济宁众商所建；嘉庆间又另建济东会馆；徽宁会馆建于乾隆 1738 年；山西、华阳（四川）和宁绍 3 馆，则创建年代不详[2]。

广东南海县佛山镇的忠义乡，在行政等级中居于镇之下，但近三百年间实为一大工商都市。民国 1923 年版的《佛山忠义乡志》列举了 248 种工商劳动行业。综合民国及道光 1830 年版的《忠义乡志》，地缘可以确定的会馆，计有莲峰（福建长汀连城两县纸商建于雍正 1733），山陕、楚南、楚北、琼花（琼州），山陕福地，潮蓝行、江西等会馆。事实上该乡多数会馆的名称都是

1 《双林镇志》（民国 1917），卷八，"公所"；泾县旧馆创于万历，系根据嘉庆 1806 年《泾县志》，卷一〇；《南浔镇志》（民国 1922），卷二，页 15 下至 16 上；《黎里志》（嘉庆 1805），文图皆无会馆，《黎里志》（光绪 1897）则镇图中有宁绍及新安会馆；关于邵伯，详董醇《甘棠小志》（咸丰 1855），卷六、七、九。
2 《盛湖志》（同治 1874），卷四，页 2 上；《盛湖志补》（光绪 1900），卷一，页 10 上至 11 上。

根据行业而不根据地缘的，其中究竟多少表面上业缘的会馆和公
所，实际上是异乡人所建立的，颇难肯定。例如制墨一行，"业
此者多徽州人"；染纸一行，"业此者多侨居本乡之新会、鹤山等
县人"；京布一行是南京、苏州和松江人的天下；苏裱行和酒席
茶点两行中的"姑苏行"，也反映苏州长川在此经营者的人数是
相当可观。想象中表面上业缘性的会馆公所之中，必有不少兼具
地缘性，为异乡人所建[1]。

---

1 《佛山忠义乡志》（道光 1830），卷五，页 36 下至 37 上；民国 1923 年版，卷
  六全卷。

第五章
会馆的地理分布（下）：
长江中、上游与汉水流域

　　首都、省垣、商埠及南方繁盛镇市会馆的普遍，或因政治或因工商，甚易了解。长江中、上游几省和汉水流域会馆的密度远较其他省区一般州县为高，这是几百年间超省际大量人口迁徙的结果。魏源于其《古微堂外集》中曾作以下的综述："当明之季世，张（献忠）贼屠蜀民殆尽，楚次之，而江西少受其害。事定之后，江西人入楚，楚人入蜀，故当时有江西填湖广，湖广填四川之谣。"[1] 魏氏之言，大体正确，不过江西人移入两湖，更西移入四川，自明代已经如此，并不自清始。这可从两湖、四川多种方志中"人物志""流寓传"一类资料中得到部分的证明。因方志传记资料极度零散，集合起来数量可观，本文无须列举。

　　近人谭其骧先生根据清末十几种湖南方志中的"士族志"，曾下结论，谓湖南在明代为吸收外来（尤以江西）人口的省份，在清代却变成了人口输出的省份[2]。谭氏结论的前部自属正确，其结论后部却不无疑问。因为一般农民移居他省，必须逐代丁产两旺再产生一些科第人物，才会被目为当地望族。由移民变成"士

---

[1]　魏源，《古微堂外集》（光绪 1878），卷六，页 5 上至 6 下。

[2]　谭其骧，"中国内地移民史：湖南篇"，《史学年报》，一卷四期（1923）。

族"的过程往往需要很长的时期。明代江西移湘之人后裔繁昌者，至清固已目为"士族"，但康末、雍、乾、嘉、道太平盛世间，东南数省大量西移的人口，在寄籍之地百余年间能成"士族"者，必甚寥寥。自方法理论观点看，以"士族志"为研究移民史之主要资料，实不无缺陷[1]。

据本文作者《近六百年中国人口史论》（即《明初以降人口及其相关问题》——编者）中所引用的有关移民、开山、农作物传播、会馆等多方面资料，东南诸省人口西移实为明清两代共有现象。明末四川盆地人口之锐减，不过加速清代这种人口迁徙而已。清代江西、福建、广东人口不断移入两湖，内中不少人卜居两湖，不少再度西移入川。至道光末为止，两湖同为人口输入输出之区，而四川则为最重要输入之区。在这同一时期，沿着整个汉水，包括湖北西部的山区，也有大量人口的迁徙。陕西人虽南移入川者甚多，但江西、闽、粤之过剩人口，经两湖也大量移入陕南，开辟了秦岭的山地。所以这长期大规模的人口迁徙实较魏源和谭其骧所论为复杂。拙著《人口史论》中既已检讨了多种类型的资料，本章仅有系统的检讨会馆的资料。

作者曾经涉猎过的北美所藏三千余种方志之中，目录中有会馆子目的屈指可数。方志中会馆的资料类皆隐藏在坛庙寺观等卷。江西、福建、广东、两湖、陕西会馆通常称作"万寿宫"、"天后宫"、"南华宫"、"禹王宫"、"武圣宫"。事实上各省郡乡土专祀神祠名称至为复杂，姑举陕西为例。陕西人士向例崇祀关

---

1 详见拙著 *Studies on the Population of China,1368-1953*, ch.7, "Inter-regional Migrations", esp. pp.143-146。

羽，故其会馆通常称为"武圣宫"。但因不少寄籍异省的陕西商民有时将刘备与张飞与关羽合祀，所以又称作"三圣宫"、"三元宫"、"三官祠"或"三官庙"。"三元宫"和"三官庙"全国很多省份都有，而且皆系当地人士所建，所祀之神不同，实与陕人无关。陕西会馆尚有若干称为"北圣宫"、"崇宁宫"、"仁寿宫"、"朝天宫"、"大帝宫"者，甚至有称作"地藏祠"的。除了会馆俗称复杂紊乱以外，有时某省专祀之神会变成他省通祀之神，如沿海沿江南北诸省不少地方每有"天后宫"、"萧公庙"、"萧、宴庙"、"禹王宫"或"大禹庙"之类的水神庙，实为当地土著所建，列入当地通祀之神，并与福建、江西、湖广商民无涉。如民国廿四年（1935）山东《德县志》卷四页 25 上明述异省乡土性神祇输入的经过："天后宫，……清道光间本邑驻防旗人武状元昌伊苏自台湾总镇任旋里后建。"此外，明清两代江西人最喜建会馆，江西会馆类称"万寿宫"。但南北不少州县，城内的"万寿宫"是当地官员值庆典聚集之所，并非江西会馆。如同治 1871 年《长沙县志》卷一二，页 1 下至 2 上云："凡元旦、长至、万寿三大节，文武各官皆朝服五鼓诣万寿宫行庆贺礼。"再如光绪 1876 年湖北《罗田县志》，卷二，页 14 下亦云："万寿宫……邑朝贺处。"因会馆宫庙俗称之复杂混乱，所以凡志书中无确切说明而又系孤例者，本文宁阙勿滥，一律不列。但在江、汉流域几省，地缘性宫庙之名虽甚复杂，大体尚有原则可凭，有时志书中虽未明示会馆之名，但正文或地图中列举两三个以上地缘性宫庙之名，如"万寿宫"、"天后宫"、"南华宫"之类，本文把这类宫庙即认为是赣、闽、粤会馆。因为不少志书对此类宫庙本无解说,而且辨定此类宫庙群错误的可能性远较辨定孤例为低。

为便利读者辨定,凡志书中有解说者皆一一注出。本节以下所列江、汉流域诸省会馆之数虽已相当可观,但所根据的志书以芝加哥及哈佛两大学所藏为限,所以可能还不十分详尽。为更清楚说明移民与会馆的关系,先列江西方志中所见的会馆,再列湖北、湖南、四川方志中所见的会馆。

甲 江西

南昌、九江、铅山、吉安的会馆,上文或已讨论或已详列,不再重复。

一、上饶:"天后宫","康熙四十七年闽籍仕民公建。"另有本省诸郡所建的"万寿宫"。(光绪1890年《上饶县志》,卷六,页16下。)

二、湖口:"真君庙,原名万寿宫,……后为奉新会馆。""天后宫,乾隆壬子重修",疑系福建会馆。(同治1874年《湖口县志》,卷二,页34下至35上。)

三、德化:岭南会馆,江浙会馆。(同治1871年《德化县志》,卷一三,页43上至43下。)

四、弋阳:"天后宫,……乾隆十三年闽人创建。"(同治1871年《弋阳县志》,卷三,页31下。)

五、义宁州:"禹王宫……楚省商民购地捐建。""天后宫……皆本邑各都人士所建,非闽籍客民建。"(同治1871年《义宁州志》,卷一〇,页9下至13下。)

六、景德镇：都昌"景镇公馆"，"在景德镇螃蟹山西南，向系都昌业窑各户集费捐建。除本镇联乡情议公事外，凡士人膺贡举者到镇均侨寓于是，故亦题其门曰古南书院。"（同治1872年《都昌县志》，卷二，页11上。）

〔作者按：北美诸图书馆皆无《浮梁县志》，想象中浮梁所属景德镇会馆之数必定不少。〕

按江西志书中尚有若干种独列"天后宫"而无解说者，俱不列。惟想象中福建与江西地理及经济关系密切，此类独列之"天后宫"可能系福建商人或客民所建。再江西州县之确知有会馆者甚属寥寥，当然可能因江西志书体例欠周，也可能因为江西基本上是外出经商和大批向外移民的省份。

乙　湖北

汉口、沙市、石首、监利、天门、黄安、均州等七地会馆或于本书第四章，或于本章上文中均已列举。其余州县会馆，凡志书中未明言为异省商人所建，或沿江、汉适当道光末以前人口迁徙之冲者，皆排列于下：

一、孝感："天后宫"，即"福建会馆"；"西会馆"即山、陕会馆。（光绪1883年《孝感县志》，城图。）

二、钟祥：山陕会馆，康熙年间建；万寿宫，"即江西会馆"，雍正1728年建；苏湖会馆，道光1825年建；天后宫，"即福建会馆"，乾隆1770年建；武郡书院（武昌府属），乾隆1762年建；另有两湖他郡所建的禹王宫。（同治1867年《钟祥县志》，卷五，页34下至35上。）

三、宜城：江西及山、陕两会馆。（同治 1866 年《宜城县志》，县城图及卷二，页 24 下。）

四、谷城：山陕馆、金县馆（甘肃兰州府属，民国改为金城县），江西馆、福建馆及本省之武昌馆与黄州馆。（同治 1867 年《谷城县志》，县城图。）

五、光化：江西馆、抚州馆、福建馆、河南馆、怀庆馆、山西馆、陕西馆、西蜀公所、齐安书院（黄州）。（光绪 1882 年《光化县志》，卷四，页 24 下至 26 上。）

六、郧县：江西馆、山陕馆。（同治 1866 年《郧县志》，卷四，页 22 上下。）

七、郧西：江西馆、山陕馆、黄州馆。（同治 1866 年《郧西县志》，卷四，页 2 上下。）

八、保康：许真君庙（江西会馆）、河南庙、武昌庙、仁寿宫（江西临江府）。（同治 1871 年《保康县志》，卷三，页 13 上下。）

九、竹山：江西馆、山陕馆、武昌馆、黄州馆。（同治 1867 年《竹山县志》，县城图。）

十、竹溪：武圣宫（陕西会馆）。（同治 1865 年《竹溪县志》，卷五，页 21 上。）

按以上 10 州县，除孝感在汉水之北，然亦与汉水湖汊相通外，其余钟祥、宜城、谷城、光化、郧县均临汉水；郧西在郧县之北，已入秦岭山区；保康、竹山、竹溪均在鄂省极西汉水以南之山区。沿汉均州亦有会馆，前章已列；襄阳、樊城为沿汉重镇，独乏会馆记载，必系志书体例欠周，因而遗漏。濒汉水州县会馆可能商人成分不少，然山区诸县会馆显系各省郡移民所建。事实上这条沿汉水折向西北入秦岭山区之移民孔道，非常明显。陕西方志，内容大体皆甚简陋，然陕南秦岭中重要城市汉阴，即有湖北、湖南、江西、江南及山陕五个会馆。详见嘉庆 1818 年《汉阴厅志》城池图。再陕南山区诸县方志虽无会馆及地缘性宫庙的记载，但对各省客民叙述甚详，详见拙著《近六百年来中国人口史论》第七、八章，兹不赘。因秦岭与湖北沿汉一区地理、经济、移民关系极为密切，故在此附带讨论。

十一、当阳：江西馆（两所，其一建于乾隆 1782 年）；山陕馆（两所，其一建于 1787）；湖南馆（两所，内新馆建于同治初年）；福建馆；鄂城书院（武昌会馆，建于道光 1837 年）。（同治 1867 年《当阳县志》，卷九，页 2 上。）

十二、东湖（宜昌府城）：江西馆、福建馆（俱建于乾隆 1761 年）。（同治 1864 年《东湖县志》，卷一〇，页 7 下至 8 上。）

十三、归州（即今秭归）：万寿宫（江西馆）。（同治 1866 年《归州志》，卷二，页 13 上。）

十四、巴东：两浙书院，建于乾隆二年（1737）。（同治 1866 年《巴东县志》，卷三，页 28 上。）

十五、建始：万寿宫、天后宫、三义宫（陕西）、禹王宫（湖广他郡）。（同治 1866 年《建始县志》，卷三，页 45 上下。）

十六、恩施：万寿宫、天后宫、武圣宫、禹王宫、帝主宫（黄州）。（同治 1868 年《恩施县志》，卷二，页 28 下至 29 下。）

十七、宣恩：万寿宫、禹王宫。（同治 1863 年《宣恩县志》，卷八，页 1 上至 3 上。）

十八、咸丰：万寿宫；禹王宫，五所；地主宫，两所 [按：地主宫应作帝主宫，即黄州会馆]；川主庙 [四川人士专祠，川主即李冰]。（同治 1865 年《咸丰县志》，卷七，页 1 下至 5 下。）

十九、来凤：禹王宫，即湖南会馆，乾隆 1755 年建；许真君庙，一名万寿宫，即江西会馆，1755 年建；天后宫，即福建会馆；浙江会馆，道光年间建，"祀关圣、文昌"；南华宫，即广东会馆；武圣宫，即陕西会馆；川主庙，即四川会馆。（同治 1866 年《来凤县志》，卷九，页 4 上至 6 上。）

按以上州县，当阳虽不沿江，然距宜昌甚近，东湖、归州、巴东皆沿江，为入川孔道；建始、恩施、宣恩、咸丰、来凤均在长江以南，为鄂省西南隅丛山区域。同区鹤峰虽无会馆记录，但异省移民记载甚详。同治《咸丰县志》记载最详，计境内禹王宫竟有五所之多，黄州之帝主宫亦有两所，最足说明移入客民之多，亦可证明鄙说清代湖广为人口输出输入省份，并非纯输出省份。

二十、崇阳：[许] 真君祠（江西会馆）。（同治 1866 年《崇阳县志》，卷二，页 16。）

二十一、通城：广东庙，[许] 真君殿。（同治 1867 年《通城县志》，卷一九，页 4 下。）

以上两县，居湖北中东部最南端，与江西西北县为邻，其会馆为客商或客民所建，无法臆测。

以上 21 州县，再加本节及上节业经论及之汉口、沙市等 7 城市，湖北省郡邑之证明有会馆者共 28，居全省州县总数十分之四，文献阙漏者尚无法估计。会馆密度如此之高，固然一部分是因为湖北的地理位置和商业关系，大部分还是因为长期大规模超省际的人口迁徙。

丙　湖南

湖南相当多数的方志均专列"官祠"而不列"私祠"，因此对会馆的记载甚为忽视。除省城长沙、善化、岳州和常德府城武陵的会馆前章及本章上文或论及或详列外，其余有会馆的州县排列如下：

一、湘阴：万寿宫、天后宫、苏州会馆。（光绪 1881 年《湘阴县图志》，县城图。）

二、湘潭：万寿宫（江西会馆）；临、丰（江西之临江与丰城）宾馆；袁州宾馆；禾川宾馆〔作者按：同治 1872 年《禾川志》，实即江西永新之县志，故禾川系永新〕；"昭武"宾馆〔作者按："昭武"即抚州〕；黄州公所。（光绪 1889 年《湘潭县志》，"建置图"，三。）

三、衡阳：山陕会馆、中州会馆、江南会馆。（同治 1874 年《衡阳县志》，县城图。）

四、醴陵：天后宫，即福建会馆；南华宫，即粤东会馆。（同治 1870 年《醴陵县志》，卷二，页 7 下。）

五、汝城：福建会馆。（民国 1932 年《汝城县志》，县城图。）

六、祁阳：天后庙、万寿宫。（同治 1870 年《祁阳县志》，卷七，页 5 下至 6 上。）

七、宁远：天后宫，"福建省客民于乾隆三十二年买地建立"；三元宫，"零陵、祁阳、东安商民公建"；南岳行宫，"衡州商民公建"。（光绪1875年《宁远县志》，卷二下，页21上。）

八、江华：万寿宫（在城内），豫章宾馆（在城外）。（同治1870年《江华县志》，县城图。）

九、邵阳：江西、福建、山陕等三会馆。（道光1849年《宝庆府志》，卷四九，府城图。）

十、武冈：天后宫、江西公馆、上湘公馆（湖南北半部郡邑）。（道光1849年《宝庆府志》，卷四九，武冈州城图。）

十一、城步：江西公馆。（道光1849年《宝庆府志》，卷四九，城步县城图。）

十二、靖州：福建乡祠、永州乡祠、江西乡祠。[原注："本各以宫名，然有取义未当者，故皆易以乡祠。"]（光绪1879年《靖州直隶州志》，卷二下，页65上。）

十三、会同：忠烈堂，即黔省会馆；湖州会馆；苏州会馆；辰沅（辰州及沅州两府）会馆；"渠阳"会馆（即直隶州州城靖州）。（光绪1876年《会同县志》，卷一三，页13至14下）。

十四、芷江：许真君庙，"祀晋旌阳令许逊，明建，为江西客民崇祀"。[作者按：此条极有意义，讲明系明代江西客民所建。想象中湖南诸郡邑会馆宫庙之中，当以万寿宫或江西馆兴建较早，内中必有不少创建于明代者。] 天后宫，"乾隆十三年福建客民创建祀。"（同治1860年《芷江县志》，卷一三，页10上至13上。）

十五、溆浦：万寿宫，"江西各府商民共建"；仁寿宫，"临江一府商民所建"；南昌馆；抚州馆；天后宫，"福建客商所建"；龙城馆，"系湘乡一县商民所建"。（同治1873年《溆浦县志》，卷二〇，页3上下。）

十六、桃源：万寿宫、天后宫。（光绪1892年《桃源县志》，县城图。）

十七、石门：万寿宫，即江右会馆；万寿观，"江西抚州会馆"。（同治1868年《石门县志》，卷九之五，页2上下）。

十八、桑植：江西会馆。（同治1873年《桑植县志》，县城图）。

十九、龙山：万寿宫，"祀许旌阳真君，江西人建"；关圣大帝庙，"宝庆府人建"。（同治1870年《龙山县志》，卷一〇，页25下至26上。）

上列19个州县，再加省垣长沙、善化、岳州、武陵两主要湖港，共约占全省州县总数十分之三，文献阙漏尚无法臆估，故湖南全省会馆密度实远较一般省份为高。沿湖沿湘诸城市会馆之建与移民及商业俱有关系，惟上列过半数州县皆在全省东南、正南、西南、西北的山区，其会馆之建与移民关系远较商业关系为多。就客民成分言，自以江西为最高，福建次之，广东较低。

丁　四川

四川志书亦颇不乏只列"官祠"不及民间"丛祠"者。惟因清开国后两百余年间长江中游、闽、粤、陕西移民大批实川，故川省志书中注意他省客民所建会馆者远较他省志书为多。除成都、重庆会馆已于上节详列外，其余州县之有会馆记录者已达百数。四川一般州县会馆为他省客民所建无疑，往往一县城乡竟有宫、馆数十之多，最足证明各省客民大多从事农耕，累世之后遂成土著。因川省方志解释各省郡乡土宫庙之名最详，最富参考价值，故以下列举各邑会馆时，释名工作不厌其详。四川幅员甚广，郡邑繁多，列举州县，大致自东而西。

（子）东部

北起绥定府属各州县，中经夔州府及忠州所属各邑，南达酉阳州属：

一、太平：朝天宫，即陕西会馆；帝主宫，即黄州会馆；万寿宫，即江西会馆；禹王宫，即湖广会馆。（光绪1893年《太平县志》，卷二，页35上下。）

二、万源：与邻县太平之会馆完全相同。（民国1932年《万源县志》，卷二，页16下。）

三、新宁：护国祠，"楚籍黄州人公建"；万寿宫，"江西原籍人公建"；天后宫，"闽籍人会馆，……道光十三年……倡建"；禹王宫，"楚籍常德人公建"；帝主宫，"楚籍黄州人公建"；寿佛宫，"楚籍衡州人公建"；太和宫，"楚籍澧州人公建"；忠义宫，"楚籍荆州人公建"。（同治1869年《新宁县志》，卷二，页16上至17上。原志按语："按邑多楚人，各别其郡，私其神，以祠庙分籍贯，故建置相望。今以城内者列之，乡镇所建不悉载，然名目总不外此。……其楚籍永州人祠祀濂溪周子，城内无。长沙人祀禹王，仅见于乡镇。从宜从俗，蜀州县亦大抵皆然也。"）

四、大宁：万寿宫、禹王宫、帝主宫、南华宫。（光绪1887

年《大宁县志》，城图。）

五、奉节：万寿宫、天后宫、帝主宫、武圣宫、三元宫，江浙公所。［作者按：三元宫地缘不能辨定，可能与武圣宫同为陕西会馆］。（光绪1893年《奉节县志》，卷二〇，页7下。）

六、云阳：万寿宫，"乾隆中建"；长沙庙，"祀大禹，乾隆中建"；帝主宫，"黄州会馆，光绪十二年创建"；天上宫，"同治末福建帮建"；南华宫，即广东会馆，"嘉庆中建"；陕西馆；湖北馆；岳、常、澧馆；衡、永、保馆。［作者按："保"应系"宝庆"。］乡镇间尚有：齐安宫［按：应系黄州］；靖江宫［按：湖南靖州，抑或云南昭通府属之靖江县（民国改称绥江），尚无法断定］。另有"安邑宫"，或指山西安邑。（民国1935年《云阳县志》，卷二一，全卷。）

七、开县：禹王宫、帝主宫（黄州）；真武宫，"即常、澧会馆"；列圣宫，"即浙江会馆"；天后宫、三义宫，"疑系陕西会馆"；濂溪祠，"永州会馆"。此外古南宫及崇圣宫之地缘无法断定。（咸丰1853年《开县志》，卷九，页4上。）

八、万县：禹王宫（湖广），帝主宫（黄州），三圣宫（陕西），天后宫（福建），南华宫（广东），万寿宫（江西），川主庙（本省专祀之神，庙址为"八省公所"，另有"高庙"，庙址为"八帮公所"）。（同治1866年《万县志》，卷七，"民间庙祀"全节。）

九、梁山：威灵宫，"即黄州会馆"；昭武宫，"即抚州会馆"；玉皇宫，"即常德会馆"；天后宫，应系福建会馆；濂溪祠，应系永州会馆；萧公祠，疑即江西会馆；三圣宫，"中祀川

主。按川主有二，一为秦太守李冰，一为嘉州守赵昱，皆治水斩
蛟，有功于蜀。"[作者按：三圣宫一般指刘、关、张，为陕西
会馆，在梁山竟成川主庙，宫庙地缘之混淆难辨，于此可见。]
（嘉庆 1807 年《梁山县志》，卷七，页 35 上至 36 下。）

十、垫江：大禹庙（湖广），天后宫（福建），万寿宫（江
西），武圣宫（陕西），南华宫（广东），寿佛宫（衡州）。（光绪
1900 年《垫江县志》，卷五，页 8 下至 14 下。）

十一、酆都：禹王宫、万寿宫、福禄宫，"即八省公所"。
[作者按：既有"八省公所"，则此志宫馆之名遗漏必多。]（光
绪 1893 年《酆都县志》，卷三，页 88 上至 89 下。）

十二、黔江：禹王宫，"建于雍正"；许真君庙，"康熙初江
西来川人公建"；轩辕宫，"附江西馆，道光三年建"。[按：轩
辕宫想系江西某府馆。]（光绪 1894 年《黔江县志》，卷二，页
54 上。）

十三、彭水：许真君庙、禹王宫、南华宫。各乡镇亦多有
之。（光绪 1875 年《彭水县志》，卷二，页 67 下。）

十四、秀山：禹庙，"两湖人公祠，所在有之"；万寿宫（江
西）；天后宫（福建）；南将军庙，"贵州人公祠"；萧公宴公庙，
"抚州人公祠"。（光绪 1891 年《秀山县志》，卷七，页 6 上下。）

（丑）中东中南部

此区包括保宁府、顺庆府、重庆府、龙安府、绵州直隶州，
潼川府及中南部泸州直隶州，叙永厅及叙州府属各邑。

十五、南江：禹王宫、万寿宫、南华宫、黔阳宫。"川主宫
附设黔阳宫内"。（民国 1922 年《南江县志》，城图及卷二，页

37 上。）

十六、剑州（民国改为剑阁）：真武宫、禹王宫、南华宫。[作者按：真武及禹王皆系湖广人所祀之神，关于真武宫地缘之辨定，详下七十一崇宁及七十九崇庆条。]（民国 1927 年《剑阁县志》，县城图；同治 1873 年《剑州志》，州城图仅有真武宫。二志皆陋甚。）

十七、巴州（民国改为巴中）：禹王宫、三圣宫（陕西），天后宫，许真君庙，龙母宫（即广东会馆）。（道光 1833 年《巴州志》，卷二，页 15 上。）

十八、阆中：禹王宫、万寿宫、天后宫、三元宫（应系陕西会馆），浙江公所。（咸丰 1851 年《阆中县志》，城图。）

十九、南部：大禹庙、万寿宫、三元宫、天后宫。（道光 1849 年《南部县志》，卷二，页 24 下。）

二十、仪陇：禹王庙、万寿宫、三圣宫。（同治 1870 年《仪陇县志》，卷二，页 19 上。）

二十一、营山：禹王宫，嘉庆 1803 年移新址，初建似较早；万寿宫，嘉庆 1798 年重修；广圣宫，乾隆间创建，同治 1869 年"闽、粤人改修"；濂溪祠，乾隆 1787 年永州人建；寿佛宫，"衡州府人建"；三元宫，陕西人建于嘉庆 1802 年；惠民宫 [作者按：此志无解说，民国 1942 年《西昌县志》，卷六，页 10 下："惠珉宫，即四川会馆。"]。（同治 1870 年《营山县志》，卷六，页 8 上。）

二十二、渠县：禹王宫，雍正 1733 年建；万寿宫，1733 年建；龙母宫（即广东会馆），1733 年建；天后宫，乾隆中建。（嘉庆 1812 年《渠县志》，卷一八，页 1 上。）

二十三、大竹：湖广、江西、福建、广东、黄州 5 会馆。
（民国 1926 年《大竹县志》，卷二，页 7 上下。）〔作者按：此志
所述移民史实颇有参考价值："竹邑住户有土著客籍之分。土著
有宋元时入川者，有洪武二年入川者，统称黄州人，俗称本地
人。"〕

二十四、岳池：万寿宫、三元宫（陕甘会馆），福圣宫（福
建会馆），禹王宫、南华宫、帝主宫（黄州会馆）。（同治 1864 年
《岳池县志》，卷九，页 111 下。）

二十五、蓬州（民国改为蓬安）：禹王宫、真武宫、南华宫、
万寿宫。（光绪 1897 年《蓬州志》〔民国 1935 年重印，改名《蓬
安县志》〕，城图。）

二十六、邻水：湖广、江西、福建三会馆。（道光 1839 年
《邻水县志》，卷三，页 75 上。）

二十七、南充：禹王宫、万寿宫、三元宫（陕西会馆，"为
山西陕西商民会所"），天上宫（福建）；临江公所"为江西分
馆"；洪都祠"为江西分馆"。〔作者按：洪都应系南昌。〕各场
镇诸省会馆甚多。（民国 1929 年《南充县志》，卷五，页 15 上至
16 上；嘉庆 1815 年《南充县志》，城图中仅有陕西、广东、福
建 3 馆。）

二十八、涪州（民国改称涪陵）：禹王宫、万寿宫、天上宫。
（同治 1870 年《涪州志》，城图。）

二十九、南川：禹王庙、万寿宫。（民国 1926 年《南川县
志》，城图。）

三十、巴县（即重庆，已详第四章，但县志各省会馆俗称有与一般不同者，颇有参考价值。）："列圣宫，即浙江会馆"；"准提庵，即江南会馆"；"三元庙，即陕西会馆"；其余见上节，不赘列。（民国1939年《巴县志》，卷二下，页4上下。）

三十一、綦江：禹王宫，康熙1722年建，万寿宫、南华宫。（同治1863年《綦江县志》，卷四，页58上及县城图。）

三十二、铜梁：禹王庙、帝主宫、天后宫、南华宫、黔阳宫（贵州），濂溪祠（永州）。另有"五府宫"地缘不详，似系湖广五府客民合建。（光绪1875年《铜梁县志》，卷二，页16下至19下。）

三十三、大足：禹王宫，城内者为湖广会馆，四乡者每多为宝庆府会馆；召公祠，为城内之宝庆会馆；惠民宫，即贵州会馆[作者按：其余川省志书皆作四川会馆]；寿佛宫，即广西会馆；帝主宫，即黄州会馆；濂溪祠，即永州会馆；万寿宫，即江西会馆；天上宫，即福建会馆。此外四乡场镇之各省郡会馆二十余所。（民国1945年《大足县志》，卷二，页8上下。）

三十四、璧山：禹王宫、帝主宫（亦名齐安公所），万寿宫、天上宫、南华宫（亦名广东公所），三圣宫。各乡市镇多有之。（同治1865年《璧山县志》，卷二，页32上。）

三十五、江津：万寿宫、南华宫。（光绪1875年《江津县志》，城图。）

三十六、荣昌：禹王宫、万寿宫、天上宫、南华宫。（同治1865年《荣昌县志》，卷五，页3上下。）

三十七、江油：禹王宫、万寿宫、天后宫、南华宫、忠义宫。[作者按：此志对各宫无解释，惟据以上三、新宁条，忠义宫应为荆州府会馆。]（光绪 1903 年《江油县志》，卷一三，页9下。）

三十八、绵州（民国改为绵阳）：禹王宫，乾隆 1742 年楚人公建；武圣宫，1745 年秦晋两省人公建；天后宫，1765 年闽人公建；万寿宫，1768 年赣人公建；南华宫，1770 年粤人公建。（民国 1933 年《绵阳县志》，卷二，页 1 上。）

三十九、绵竹：湖广馆，城内者建于清初；江西馆，城内者建于康熙 1670 年；广东馆，城内者建于乾隆 1742 年；陕西馆，城内者建于乾隆 1744 年；福建馆，城内者建于道光 1839 年。城外九个场镇，计有湖广馆八、广东馆八、江西馆七、陕西馆七、福建馆一；四乡共有 31 馆之多。其中早者建于康熙，晚者建于光绪。（民国 1919 年《绵竹县志》，卷一二，页 90 下至 93 下。）

四十、安县：湖广、广东、陕西、福建、江西等馆。"其他滇黔入籍者，亦甚寥寥。"（民国 1932 年《安县志》，卷五六，页 1 上。）

四十一、罗江：真武宫（湖广馆，康熙间建）；真君宫（江西馆，乾隆 1768 年建）；南华宫（广东馆，乾隆 1771 年建）；帝主宫（黄州馆，嘉庆 1797 年建）；禹王宫（湖广馆两所，嘉庆 1802 年及 1804 年建）；三圣宫（陕西馆，建于雍正）。（嘉庆 1815 年《罗江县志》，卷一九，页 1 上下。）

四十二、德阳：禹王宫、万寿宫、天上宫、南华宫、仁寿宫，内"仁寿宫秦籍人公建为陕西会馆"。（道光 1837 年《德阳县新志》，卷三，页 36 上下。）

四十三、盐亭：禹王宫、天后宫、万寿宫、武圣帝君庙"陕西商民崇祀"。（光绪 1882 年《盐亭县续志》，卷一，页 28 下。）

四十四、三台：湖广馆、武昌馆、广东馆、万寿宫、天后宫、三元宫。[作者按：此志城图三元宫在陕西街，故为陕西会馆无疑。]（民国 1931 年《三台县志》，县城图。）

四十五、中江：关圣宫"康熙、雍正间楚籍人公建，额曰湖广馆，至道光十八年续修禹王宫"；天后宫"粤籍人公建，一曰广东馆"；天上宫"闽人公建，一曰福建馆"；万寿宫"赣人公建，一曰江西馆"。各乡会馆甚多。[作者按：此志所列湖广与广东两馆之宫名与一般不同。]（民国 1930 年《中江县志》，卷四，页 10 下至 11 上。）

四十六、蓬溪：大禹庙、天后宫。（道光 1844 年《蓬溪县志》，卷四，页 8 上。）

四十七、遂宁：禹王宫、帝主宫、濂溪祠、万寿宫、天上宫、三元宫（陕西）。（民国 1929 年《遂宁县志》，卷二，页 36 下。）

四十八、安岳：禹王庙、濂溪祠、万寿宫、黔南宫。城乡俱有。（光绪 1897 年《安岳续志》，卷二，页 14 上。）

四十九、乐至：武圣宫，康熙 1716 年陕籍人公建；万寿宫，雍正 1727 年赣籍人公建；禹王宫，雍正 1728 年楚 [两湖] 人公建；帝主宫，乾隆 1736 年湖北籍人公建；靖天宫，乾隆 1768 年蒲溪、武昌二籍人公建；威远宫，乾隆 1786 年湖南靖州籍人公建；南华宫，乾隆 1767 年粤籍人公建；黔南宫，乾隆 1783 年贵州人公建。（道光 1840 年《乐至县志》，卷六，页 21 上下；武圣宫及威远宫，据民国 1929 年《乐至县志又续》，卷二，页 47 下及 49 上，补。）

五十、泸州（直隶州，民国改县）：

各省会馆：禹王宫、万寿宫、天上宫、武圣宫（陕西会馆）、三圣宫（山陕会馆）、南华宫（亦名岭南公所）、滇南会馆、黔南会馆、江浙会馆。

他省府馆：帝主宫（黄州会馆）、衡州馆、抚州馆（即昭武公所）。

本省郡邑会馆：西昌馆、石阳馆（应指石柱、酉阳）、麻姑庙（即建武公所；作者按：可能指叙永、兴文、珙县间之建武营，四川中部最南端，近滇边）、文江馆（按：可能指文井江，即邛江，在雅安、荣经一带）。

另有真武宫（湖广），"明万历初建"，可见湖广实川决不自清初始。

（以上据民国 1938 年《泸县志》，卷一，页 42 下至 47 下。）
[作者按：光绪 1882 年《直隶泸州志》，城池图中虽列 12 馆，不如民国《泸县志》所举之多，但内有濂溪祠（应系永州馆）及轩辕宫（可能为江西某府之馆）。亦足反映会馆兴废并分之迹。]

五十一、合江：禹王宫，乾隆 1758 年建；万寿宫、天后宫、南华宫。（民国 1925 年《合江县志》，卷一，页 46 下。）

五十二、江安：禹王宫，乾隆 1749 年建；万寿宫，乾隆 1754 年"豫籍士民建"；[作者按：嘉庆 1812 年《江安县志》，卷二，页 38 上下，亦作"豫籍"，应作"豫章"解。]天后宫，乾隆 1757 年建；武圣宫，嘉庆初建；南华宫，嘉庆 1801 年建。乡镇各省宫馆甚多。（民国 1922 年《江安县志》，卷二，页 34 上下。）

五十三、古宋：两湖、江西、福建、广东、陕西等 5 馆。（民国 1935 年《古宋县志》，卷三，页 23 下。）

五十四、叙永（直隶厅，民国改县）：文武宫，雍正 1723 年建（疑系陕西馆）；万寿宫，雍正时建；禹王宫，乾隆时建；南华宫。（民国 1933 年《叙永县志》，卷一，页 25 下。）

五十五、宜宾：禹王宫三，一曰黄州馆，一曰寿佛殿（衡州馆）；万寿宫四，一曰吉安馆，一曰抚州馆；此外有武圣宫、天后宫、南华宫。（民国 1932 年《宜宾县志》，卷二七，全卷。）

五十六、富顺：江西会馆"创自前明，道光年间……增修"；湖广会馆；广东会馆；福建会馆、天后宫，乾隆 1761 年建。（同治 1872 年《富顺县志》，卷一六，页 5 下及 47 上；民国 1931 年《富顺县志》，卷四，页 31 上及 38 上。）

五十七、南溪：禹王宫、帝主宫（以上湖广）；万寿宫、萧公庙（以上江西）；南华宫、天上宫、荣禄宫（贵州）。（民国 1937 年《南溪县志》，页 4，页 30 上下。）

五十八、高县：禹王宫、濂溪祠、万寿宫"即江西会馆，旁建吉安公所"；天后宫、南华宫、荣禄宫"即贵州会馆"；乡镇诸省郡馆甚多。（同治 1866 年《高县志》，卷二七，全卷。）

五十九、筠连：禹王宫，乾隆 1778 年建；忠烈宫（应系贵州馆），乾隆 1794 年建；南华宫，乾隆 1790 年建；萧公庙（江西），各乡皆有。（同治 1873 年《筠连县志》，卷三，页 3 上。）

六十、珙县：禹王庙（湖广会馆）。（光绪 1880 年《珙县志》，卷二，页 7 上。）

六十一、兴文：万寿宫。（光绪 1887 年《兴文县志》，卷五，页 10 下。）

六十二、隆昌：大禹庙、万寿宫、天后宫、南华宫、帝主宫。（同治 1862 年《隆昌县志》，卷一六，页 7 上。）

六十三、屏山：禹王庙，县境城区及四乡共有 28 所之多；万寿宫，共 20 所，内一为抚州馆；天后宫，共 4 所；计此四省，客民共建 52 馆。（光绪 1898 年《屏山县续志》，卷下，页 32 下至 33 下。）

（寅）成都府中心区

六十四、华阳：以下各郡馆均在城外四乡，城内各馆详第四章成都项下。万寿宫，有二，清初建；江西馆有三，其二建于乾隆 1779、1780 年；禹王宫，有五，内一乾隆 1772 年建，一道光 1825 年建，一道光 1826 年建；另有湖广馆三，建于乾隆 1765、1782 年及嘉庆 1796 年；帝主宫一，建于嘉庆 1815 年；天后宫一，建于乾隆 1775 年；南华宫六，一建于乾隆 1781 年，一建于 1782 年；武圣宫一，另有陕西馆，建于道光 1825 年。以上共计 23 馆，除帝主宫可能系黄州府馆外，余皆省馆。（民国 1934 年《华阳县志》，卷三〇，页 1 上下。）

六十五、双流：禹王宫、帝主宫、万寿宫、天后宫、南华宫、崇宁宫"陕西会馆，崇祀关帝"。（民国 1920 年《双流县志》，卷一，页 27 上下；嘉庆 1814 年及光绪 1894 年两版县志皆失载。）

六十六、温江：城内有万寿宫，一名萧公庙；大帝宫即"秦、晋会馆"；天后宫。四乡有禹王宫及真武宫。（民国 1920 年

《温江县志》，卷四，页 29 下。）

六十七、新都：湖广馆，城乡各一，城外者康熙 1672 年建，城内者嘉庆 1798 年建；贵州馆，城乡共三，城内者一建于康熙初年，一建于光绪 1895 年，城外者建于乾隆 1768 年；江西馆，城乡各一，城外者建于雍正 1723 年，城内者建于乾隆 1752 年；福建馆一，在城内，乾隆 1751 年买地，1778 年建；陕西馆，城乡各一，城内者建于乾隆 1756 年；广东馆，城乡各一，城内者建于乾隆 1793 年，城外者建于嘉庆 1815 年；另有湖南郴州馆，创建年代不详。（民国 1929 年《新都县志》，第三编，页 12 上下；道光 1844 年版县志失载。）

六十八、新繁：禹王宫、万寿宫、天上宫、南华宫，城乡俱有。（同治 1873 年《新繁县志》，卷六，页 53 下；光绪 1907 年《新繁县乡土志》，卷六，页 20 下。）

六十九、金堂：三楚宫、三圣宫"秦、晋人共建"，万寿宫、南华宫、寿佛宫"湖广郴州人共建"。各乡镇亦多有之。（嘉庆 1810 年《金堂县志》，卷一，页 42 上下。）

七十、郫县：萧公庙"前明万历三年（1575）建，乾隆年间重修"；江西客民另有万寿宫，乾隆 1749 年建；真武宫（湖广）创建似亦甚早，雍正 1733 年重修；天后宫，乾隆 1736 年创建；南华宫，乾隆 1749 年建修；另有永清宫，建于乾隆 1736 年，地缘不明，疑为陕西馆。（嘉庆 1813 年《郫县志》，卷十七，页 6 上下；同治 1870 年《郫县志》，卷一七，页 9 上至 10 下。）

七十一、崇宁：湖广馆（真武宫），康熙 1717 年建；江西馆，雍正 1726 年建；陕西馆（三圣宫），雍正 1730 年建；广东馆，乾隆1751年建；福建馆，乾隆1758年建；黄州馆（帝主宫），乾隆1791年建。四乡亦每有之。（民国1924年《崇宁县志》，卷二，页17上下。）

七十二、彭县：湖广馆、万寿宫、天后宫、南华宫、三元宫（陕西）。（嘉庆1814年《彭县志》，城池图。）

七十三、灌县：真武宫城乡共10所，湖广客民另建有禹王宫及寿佛殿各一；万寿宫城乡共11所；三圣宫（陕西）城乡共8所；天后宫城乡共3所；南华宫城乡共2所；黔南宫1所。计共37所。（乾隆1786年《灌县志》，卷一〇，页38上下；民国1932年《灌县志》，卷二，页3下。）

七十四、汉州（民国改为广汉）：万寿宫、天后宫、南华宫、武圣宫、广惠宫（地缘未明）。（嘉庆1812年《汉州志》，卷一七，页25下。）

七十五、什邡：陕西馆，城乡共4所，城内者曰玉清宫，建于康熙1708年，城外者曰武圣宫；江西馆，城乡共6所，城内者曰真君庙，建于康熙1712年，城外者曰万寿宫；湖广馆，城乡共8所，城内者曰真庆宫，建于雍正1725年，城外者曰真庆宫者二，禹王宫者一，湖广馆者二，帝主宫（黄州府馆）者一，城内一；福建馆，城乡各一，曰天上宫、天后宫；广东馆，城乡共六，城内一，乾隆1748年建，皆曰南华宫。共计26馆，仅黄州有二府馆。（民国1929年《什邡县志》，卷七下，页12下至17下。）

七十六、简州（民国改为简阳）：湖广馆、真武宫、湖北宫、帝主宫（黄州），全义宫（可能忠义或忠烈宫之别名，疑指荆州），宝善宫（疑指宝庆、长沙二府，长沙府以郡城善化为代表）；黔南宫、黔西宫、黔阳宫、黔蜀宫；武圣宫、三圣宫、万寿宫、天后宫、南华宫。（咸丰 1852 年《简州志》，卷二，页 11 下至 12 上；民国 1927 年《简阳县志》，卷二，页 54 下至 57 上。）

七十七、新津：禹帝宫，即"湖广会馆，康熙六十年重修"；万寿宫，即"江西会馆，康熙十年建"。（道光 1828 年《新津县志》，卷一二。）

七十八、崇庆州（民国改县）：萧公庙及万寿宫，俱"江西会馆"；真武宫及帝主宫俱湖广馆；关帝庙即"陕西馆"；天后宫、南华宫。城外有真武、帝主、万寿等宫若干所。（嘉庆 1813 年《崇庆州志》，卷八，页 5 上下。）

计连成都县，成都一府十六县每县皆有异省会馆，有建于明万历初者，四乡会馆有往往早于州县城内者，会馆密度之高，举国无二。

（卯）成都府四围及川省西南隅

此区东南有资州直隶州各属，正南有眉州及嘉定府属，西有邛州及雅州府属，北有茂州及松潘。全省西南一隅属宁远府及会理州，向南伸延，中分滇黔。

七十九、资州直隶州（民国改为资中县）：天上宫，"光绪时建"；三圣宫"为五省会馆，米粮交易集中之地"。[作者按：虽载记多阙，既有五省会馆之名，则清代必有湖广、江西、陕西、福建、广东诸馆明矣。]（民国 1929 年《资中县续修资州志》，卷二，页 40 下至 41 下。）

八十、内江：万寿宫，乾隆 1790 年重建，另有萧公庙；禹庙，"嘉庆五年（1800）三楚士民移建南关"；天后宫，乾隆 1744 年建；南华宫，乾隆 1777 年重建；武圣宫，乾隆 1787 年"陕籍士民建"；惠民宫（疑系贵州馆，盖境内另有川主庙不少）。（同治 1871 年《内江县志》，卷一，页 34 上。）

八十一、井研：粤东会馆，乾隆 1744 年建；福建会馆，乾隆 1765 年建；湖广会馆，乾隆 1774 年建；豫章会馆，乾隆时建。（光绪 1900 年《井研县志》，卷四，页 18 上。）

八十二、丹棱：禹王宫、南华宫、万寿宫（乾隆 1739 年建）、江陵庙、璧山庙。（民国 1923 年《丹棱县志》，卷三，页 46 上至 50 上。）

八十三、青神：萧公祠，江西会首等于康熙 1721 年创建；禹帝宫、湖广会首等于雍正 1727 年创建；天后宫，福建会首等于乾隆 1746 年创建；南华宫、关帝庙（疑系陕西会馆）。（光绪 1877 年《青神县志》，卷一七，页 58 下至 59 上。）

八十四、乐山：南华宫、天后宫、万寿宫、秦晋公所。（民国 1934 年《乐山县志》城内街道图。）[作者按：此图宫馆必略，盖此志卷四，页 50 下至 51 上，慈善机关中有"八省长生会"之名，该会"始自乾隆六十年"，有基金购地掩埋临水浮尸。可见八省必有会馆。]

八十五、荣县：禹王宫，雍正 1730 年建；福建会馆，嘉庆间建；广东会馆；荣禄宫（贵州会馆）；萧公庙（江西会馆）；武圣宫（陕西会馆）。（民国 1929 年《荣县志》，卷一一，页 5 下至 6 上。）

八十六、威远：嘉庆1813年时境内各省已建之馆有：万寿宫3所，最早者建于雍正1730年；三圣宫4所，最早者建于乾隆1775年；禹王宫2所，内一建于乾隆1778年；南华宫3所，最早者建于乾隆1788年；天后宫1所，建于乾隆1760年。

民国间境内会馆有：惠民宫（本省郡邑所建）11所；禹王宫8所；南华宫10所；天后宫3所；万寿宫7所；荣禄宫（贵州）4所；陕西馆1所（在城内）。此外另有"六省会馆"之称，六省为两湖、两粤、福建、江西、贵州，"合本省为六省"。（嘉庆1813年《威远县志》，卷二，页52上下；民国1937年《威远县志》，卷一，页72至74下。）

八十七、夹江：天后宫、南华宫。另有"黑虎观，县西北五里，山水所聚称胜境焉，三楚贾人奉为会馆"。[作者按：可见异省商人也可利用当地寺庙作为会馆。此类之例想象中应该不少，但一般志书大多不加注释。]（嘉庆1813年《夹江县志》，卷三，页20下及23下。）

八十八、峨眉：嘉庆1814年时有禹王宫、万寿宫及天后宫。民国时已另增有南华宫及荣禄宫（贵州）。（嘉庆1814年《峨眉县志》，卷二，页23上；民国1935年《峨眉县续志》，卷二，页40上下。）

八十九、峨边：禹王宫2所，万寿宫3所，南华宫1所，楚、蜀宫3所，三省宫1所，"即楚、蜀、江西三省会馆"。（民国1915年《峨边县志》，卷二，页13下至14上。）

九十、犍为：禹王会（湖广）、萧公会（江西）、六祖会（广东）、天后会（福建）、寿福会（广西）、荣禄会（贵州）。此外另有宝庆、长沙两府会馆。(民国1937年《犍为县志》,"居民志",页6上至6下、页51上至52上。)

九十一、茂州(民国改县):秦晋香院,乾隆初建;陕西馆,乾隆1760年建;山西新馆,道光1828年建;江西馆,乾隆1775年建;湖广馆、南华宫及广东馆创建年代不详。(道光1831年《茂州志》,卷二,页27上下。)

九十二、松潘(民国改直隶厅为县):武圣宫、三圣宫及陕西馆、江西馆、湖广馆。(民国1924年《松潘县志》,卷五,页19上下。)

九十三、大邑:城内有湖广馆;三义庙"清乾隆年间西秦人等建";南华宫"道光间粤人建";文公祠"嘉庆年间江西庐陵人等建",祀文天祥。四乡另有禹帝宫、帝主宫、江西馆、天后宫、陕西馆、贵州馆若干所。(民国1929年《大邑县志》,卷五,页17上至23上。)

九十四、蒲江:禹帝宫、萧公庙。(乾隆1783年《蒲江县志》,卷一,页29下。)

九十五、雅州(雅安府城,民国改雅安县):江西会馆、抚州会馆、三官祠"即陕西会馆"、天上宫"即福建会馆"、湖广会馆,道光1838年创建;广东会馆、荣禄宫"即贵州会馆"。县境属镇另有三元宫,祀关帝,即陕西会馆;及地藏祠,"平羌江边陕商所建"。(民国1924年《雅安县志》,卷二,页19下至30上。)

九十六、名山:禹王宫、万寿宫、南华宫、陕西馆。(光绪1892年《名山县志》,卷七,页1上;民国1930年《名山县新志》，"建置""神庙""以祀典为限"，对各省客民所建宫庙会馆，遂全部不列。按各省方志多类此。）

九十七、荥经：陕西会馆，康熙 1695 年建；江西会馆，康熙 1704 年建；湖广会馆，雍正时建；福建会馆，乾隆 1773 年建；贵州会馆，乾隆 1780 年建；广东会馆，道光 1826 年建。（民国 1915 年《荥经县志》，卷二，页 4 上下。）

九十八、西昌：城厢计有陕西（三圣宫）、滇南、广东、福建、湖广诸省馆。湖广之禹王宫"籍湘之民于岁之六月六日致祭"。此外尚有惠珉宫"即四川会馆，素为商人集会"。乡镇间有禹王宫、南华宫、陕西馆、万寿宫及江西会馆甚多。另有五省客民合建之庙曰"五省庙"。（民国 1942 年《西昌县志》，卷六，页 10 下至 17 上。）

九十九、冕宁：湖广馆及禹王宫；江西馆及万寿宫；粤东庙及南华宫；贵州庙、三圣宫（陕西）；江南馆、惠珉宫（四川会馆）。（咸丰 1857 年《冕宁县志》，卷五，页 23 下至 24 上。）

一〇〇、会理（民国改州为县）：省馆计有：禹王宫、万寿宫、天上宫、南华宫、忠烈宫（黔省会馆），及云、贵宫。黔省馆城内有两所。江西郡邑馆计有：仁寿宫（临江会馆）、文公祠（庐陵会馆）、观音阁（泰和会馆）、五侯祠（吉州会馆），及安福馆。（同治 1870 年《会理州志》，卷二，页 33 下至 35 下。）

上列 100 个州县，再加上成都和重庆，约代表四川十分之九的州县，其余应系方志失载，即谓四川全省无地无异省会馆宫庙亦无不可。以上川省各州县的会馆和宫庙并不包括"川主庙"，因为"川主"李冰是四川全省专祀之神，各邑城乡往往皆有其庙，几乎等于四川各地的第二个"城隍庙"，其性质与会馆不同；川省州县的本省其他郡邑会馆通常叫作"惠珉宫"。以上如此大量的会馆和地缘性宫庙的记录，实是研究有清一代华南移民史最有系统的"引得"。这二三百年间大规模由东南向西南的人口迁徙的主要目的地虽是四川，但其中相当数量的一支溯汉水而上开发垦殖鄂西、陕南和秦岭全区的山地，另有若干小支移入西南其余桂、滇、黔三省。例如道光1850年《贵阳府志》，卷三六"祠宇副记"，即列举不少贵阳四乡和府属广顺州、龙里等县"江西客民"所建的"万寿宫"，"楚人"所建的"万寿寺"和"禹王庙"，"蜀民"所建的"川主庙"和"湖南客民"所建的"寿佛寺"。在四川以外诸省的"川主庙"显系四川会馆，与在本省者不同。道光1841年《遵义府志》，卷八，亦列举遵义和属邑桐梓、绥阳、仁怀等县的"禹王宫，即湖广会馆"，"万寿宫，即江西会馆"，"万天宫，即四川会馆"。再如光绪1904年《昆明县志》，卷四，也略举自康熙中叶起即有湖广客民所建的"寿佛寺"和"禹王宫"，四川客民所建的"西来寺"和"川主宫"，江南客民所建的"兴福寺"和"万寿宫"及"豫章会馆"。

* * *

本章结束以前，应该指出会馆分布的区域之间的不同。华北诸省，省垣及重要商业都市之外，一般州县虽亦偶有会馆的记载，但从文献资料看，似乎会馆数量远较东南沿海和长江中、上游及西南诸省为少。极大多数的方志，既为体例所限完全不载会馆，无法确知究竟。但华北内陆交通不便，经济人文两俱落后，则系事实。明清两代华北著名的经商地区，如山西太原、汾州等府，陕西三原等县，河南怀庆、武安及山东济宁等地的商人，都是去远方经营，华北诸省的经济并不足长期吸引相当数量的南方各地商人。山、陕、鲁、豫商人既去南方建立会馆大批贩运，北方诸省一般州县的物资需要，自可由北方商帮供应。再则明清华北诸省，除陕南秦岭山区外，并无大规模的人口输入；相反的，自清末至"九一八"事变，华北平原诸省的剩余人口却大量地向东三省移殖。所以华北除省垣及重要商业都市之外会馆较少，是不难解释的。不过华北诸省客商往往组织成"社"，通常并无正式会馆建筑。证以以下第六章《归绥之例》，此类地缘性的"社"在华北可能相当普遍。综合前章及本章全部资料，我国会馆地理分布之广，实出一般想象之外。

本章应附带提及，近百五十年来会馆制度逐渐传播到海外。据现有文献，海外最早建立的会馆是越南中部顺化（Hue）营市（Cho' Dinh）的福建会馆，为明末逃亡出国福建遗民后裔所建，据碑文建于乾隆五十九年（1794）[1]。新加坡的宁阳会馆，为台山曹亚志（1782—1830）所创[2]。鸦片战争以后，通商口岸大开，闽粤诸省谋生海外者日众，其原籍多为泉州、漳州、福州、广州、肇庆、潮州、琼州，故海外会馆亦以以上郡邑为多。惟客家华侨因方言关系往往另建客属会馆。近廿余年来，经国民政府倡导，海外各地华侨所建会馆日益增多。至 1956 年为止，据侨务委员

1　陈荆和，"承天明乡社与清河庙"，《新亚学报》四卷一期（1959 八月），页 319 至 320。

2　《华侨志——新加坡》（台北，1960），页 162，262。

会调查，海外三十国及殖民地单位之华侨，共建会馆 849 所，内马来亚 251；新加坡 74；印尼 78；菲律宾 70；泰国 63；美国 55[1]。我国地缘组织之发达，在人类史上堪称独步。

1 《华侨志总志》（台北，1956），页 336 至 337，全表。

第六章
会馆与地域观念的逐渐消融

前此研究我国工商行业,因而兼及会馆制度的各国学人,虽态度和立场不尽相同,都异口同声认为我国行业和会馆制度是我国民族小群观念特盛、大群观念薄弱的具体象征。当 20 世纪初叶,我国传统政治与文化穷极待变、变而未通的时候,一般学人于研究我国社会经济制度时,很自然地受了当时政制行将解体的现象的影响。他们所注重的是我国传统社会经济制度中的消极保守性;他们最有兴趣的是解释我国传统社会经济制度如何阻碍延缓我国社会经济的近代化。因此他们往往忽略这些传统制度长期间积极推动我国社会经济进步的历史任务。

为较透彻了解行业及会馆制度几百年间的积极历史任务,我们不能专注意一些表面的现象,必须探索业缘地缘种种组织间长期经常交互的关系和影响。就行业及会馆资料比较丰富的苏州一地而言,自明末起有碑记可寻的各省邑会馆为数四十,各业公所至少 122 以上[1]。大多数省邑会馆是超业缘的地缘组织,内中少数是地缘兼业缘的组织。百数十行业公所之中,就作者个人遍检碑

---

1 《江苏省明清以来碑刻资料选集》,附录。

刻资料，至少二十以上具有明确的地缘性。其余公所的地缘性或因资料限制无法肯定，或是超地缘的同业最高统制决策的机构，具有调剂各业内较小地缘单位的作用。表面上看来，这多单位各自企图专利垄断，呈现出一个支离破碎的分割局面。事实上，苏州这些业缘地缘单位，无时不由竞争进而折冲妥协，更进而谋求合作，以图共存共荣。一般而言，无论地缘观念最初如何深固，同业的经济利益迟早能克服了同业之内原来的窄狭地缘观念，所以最后总是趋向于超地缘的业缘组织的形成。兹举苏州、汉口、归绥、重庆和四川行业及会馆为例，以期证成鄙说。

甲　苏州之例

在举实例以前，应该说明现存会馆公所资料，类皆有关捐款、创建、重修，馆、所规章，及请求官府保障专利等事，从未有正面叙述与其他会馆公所的经常关系的。从这类呆板的资料之中，我们至多只能寻求会馆公所间经常关系的片断痕迹。

清代苏州最重要的行业之一是绸业，杭州绸商又是其中最重要的一帮。乾隆三十七年仁和杭世骏所撰的《吴阊钱江会馆碑记》，即有说明："吾杭饶蚕绩之利，织纴工巧，转而之燕、之齐、之秦晋、之楚、蜀、滇、黔、闽、粤，衣被几遍天下，而尤以吴阊为绣市。"此外从苏州多种碑记中可以肯定苏州本地商人，福建、河南省武安、山东省济宁的商人都在绸业中占重要地位。其他省邑在苏从事绸业而碑记中未留痕迹者，必定不少。以上重要五帮同业竞争之迹，史料阙如。但相反的，在道光二十三年年底，诸绸帮共同成立了"弍裏公所"，在地方政府正式立案。碑文："其各店消费捐厘，仍由浙庄按数扣交公局。……除移嘉兴、湖州二府并吴县、吴江、震泽三县一体示谕外，……为此示仰各该地保及绸缎同业，以及在苏消绸各庄人等知悉，所有……经置房屋，作为公局，捐厘助济绸业中失业贫苦，身后无备，以及异籍不能回乡，捐资助棺，酌给盘费，置地设冢等善事。自当永远恪遵。"从这碑文中，不但苏州一地绸业诸帮避免竞争共建公所，分担同业善举，而且邻县吴江、震泽和隔省的嘉兴湖州两府绸业各帮亦如法合建公所，形成超地缘的同业组织[1]。

苏州其他不少行业也有同样趋向。如印书业众商，早在康熙十年已经建立"崇德书院"，至晚在道光年间已正式成立"崇德公所"。其同治十三年碑文中公所领衔人物，一为"青浦县廪生"，一为"钱塘县文童生"。足征是超省际的同业组织[2]。如同治十二年酱业公所碑记，开始即说明"共有徽、苏、宁、绍四帮，计共八十六家"。事实上酱业公所的地缘成分远较以上所述为复杂，因碑文中公所的司董四人之中，二人皆隶籍仁和[3]。光绪四年粮食业合立的"五丰公所"，"伙友半系安徽、浙绍、宣、湖之人"[4]。乾隆间即已成立的"花商公所"，虽以福州帮为主，"东粤"花商一直准许参加[5]。

再如苏州承办"皇木""架木"的专利商人，籍贯初限本

1　《江苏省明清以来碑刻资料选集》，页 24 至 29。
2　同上，页 71 至 74。
3　同上，页 194 至 196。
4　同上，页 192 至 193。
5　同上，页 418 至 422。

省"江宁、苏、常等府"。于康熙十九年建立"大兴会馆"。同治十年木商又成立"巽正公所",规定经费"按照木植出塘,每甲提钱四百文,无论〔江〕西、〔湖〕广、〔福〕建、浙,一律照提,悉数归入公所"[1]。苏州木业原来窄狭的地缘性,可谓融消无遗。

当然,治史者决不可不注意一事之两面。苏州百数十会馆公所之中虽有地缘观念融消的实证,亦颇不乏地缘性始终保留之例。如浙绍公所始终把持呋布染坊业;丝经业始终是震泽人占优势;同一玉器业,始终有苏州与金陵(回教徒)之分;同一纸业,有严州人主持的浙南公所,专制粗纸箬叶,又有地缘欠明的"梅红霞章公所"和"绚章公所",分别专营梅红纸及蜡笺业;宁波人所建的"坤震公所"始终包办煤的运销;兰溪公所自金华会馆分出,专营火腿腌腊业。其他实例甚多,不胜枚举[2]。

这类行业中始终保持地缘性的原因,虽极复杂,大体尚不难解释。绍兴人之所以能长期专垄呋布染坊业,是由于积累的资本和技术上的优势。宁波人因长于水运,与华北沿海及长江中游产煤之区皆有长期密切的经济运输的联系。火腿本来产自金华东阳等县,兰溪公所自然可以垄断火腿的供应。这些都是由于商业上或技术上具有优越条件,他帮无法与之竞争,故无须扩大其原来的地缘性。再如纸业,分工甚细。严州人仅仅制销粗纸,徽州人专于皮纸的制销,江西和福建长汀等帮则专门制其他种纸张,彼此各有势力范围,不相侵犯。事实上分工之中,亦不无联合之

1 《江苏省明清以来碑刻资料选集》,页90至105。

2 同上,全书及附录。

迹，同治九年建立的"两宜公所"就是总的"纸业公所"。若干行业之所以保持地缘性，通常都是因为种种自然经济条件。

乙　汉口之例

民国九年（1920）版的《夏口县志》所列会馆公所及工商诸帮，都是根据实际调查及商会登记，比较最为完整。虽未列碑记，内中小半会馆公所地缘或业缘背景不明，在方志中，允称上乘之作。卷五"建置志"末节，详列年代可征的123会馆和公所，及年代失考的56会馆公所。卷一二，"商务志""商团组织"节，除综述主要各省商帮外，又详列民七汉口总商会登记的144商帮之名。本书本节示例，除特别注明取自其他材料外，皆根据《夏口县志》相关两卷，不再加底注。

先以钱业为例。民七汉口旧式钱铺共有329家之多。山西自有票号帮及银行帮，不在钱帮之内。钱业中有汉口本帮、江西、绍兴、安徽等帮，皆具有长期历史。江西钱帮且独自建有"南昌钱业别墅"。同治十年诸钱帮合立"钱业公所"，为"本镇调剂金融之总机关"。再以范围最广的杂货业为例。最早有专业组织的是覃、怀、中州会馆，"清乾隆四十四年由河内、武陟、温、孟四县营业西货京杂货商号组织而成"。不久又有上元会馆，专营南京一带杂货及海味。道光间汉口本镇又成立杂货帮，建有公所。宣统元年河南、禹县、许昌的杂货土果商人又建立钧、许公所。此外未曾建立公所而自成重要商帮的有浙、宁杂货帮和江苏杂货帮。其他诸省之业京苏洋广杂货未建公所自为商帮的一定为数亦不在少。初步超地缘的同业结合是咸丰八年"京货公所"的成立。最后全业的总调剂统制机构是民国二年成立的"洋广杂货公所"。

烟业也是范围甚广的行业。汉口烟业诸帮名称可以确知的有烟业行帮、均州烟叶帮、西烟帮和水烟店帮。这些帮本身已经是超地缘的商帮。"均州烟叶帮"名称中的"均州",并不是指湖北襄阳府属的烟商,而是指各省营贩均州一带所产烟叶的商人。光绪二十二年的《汉口山陕西会馆志》中所列两省在汉商帮捐单里有"水烟帮""西烟帮"和"均州烟业帮",即可证明以上的解释是正确的。这些本来已经超地缘的四大烟帮,在光绪二十九年又成立了总的"烟帮公所"。

范围较狭的行业亦有同样建立超地缘同业结合的趋向。专营茯苓的商帮有二:一是湖北罗田、麻城二县苓商,于同治二年建有"广义公所";一是安徽省潜山、太湖、英山、霍山、六安的苓商,于光绪十一年建有"安苓公所"。表面上似乎是对立竞争,事实上却是两帮成立谅解,因为后者虽自建了公所,却承认前者的公所为统筹全业的"苓业公所"。如铁业原系附属于银炉坊帮。银炉坊帮的公所叫作"太清宫",建于乾隆年间。光绪三十三年黄陂铁帮自建"老君殿",宣统间武昌帮又脱离"太清宫"自建"铁业公所"。这是专业化而并非畛域化,因为民国四年这主要两个铁帮又共同成立了"铁业公会"。再如菜面业,道光间仅武汉土著业此者有菜面馆公所。同治元年所有外帮同业一律吸收在新成立的"面帮公所"。时代愈晚,这种趋势愈显著。如民国六年初创的"石膏公所",兴建公所会堂即由"汉帮"及"客商"全体捐资。

另有两种现象须稍加说明：一、在汉口商业发展的较早阶段，有些行业先组织全业总的公所，以后各省邑同业商人来者日多，再另行自组商帮。最显著的例子就是"三皇殿"，即"药材行帮公所"，创建于顺治十三年，为现知汉口公所之最早者。先有总的调剂机关，以后分帮便无利益冲突之弊。于是乾隆期间河南怀庆帮建立"覃怀药王庙"、"覃怀中州会馆"，江西临江油蜡药材两帮合建"仁寿宫"，其他重要药材商人依附于其各别省郡会馆而未自建立会馆或公所的还有浙宁药材帮；湖南药材帮；四川药材帮；广药丸帮等等。同样的，因为早在乾隆期间已有全镇银炉坊帮的"太清宫"，所以后来虽有浙江老银楼帮、浙江新银楼帮、江西银楼帮、本邦银楼帮之分，并不妨碍全体银楼业的发展。二、远省客商至汉口经营，往往因同业利益，自然而然的合成一超省际的大帮。山西、陕西一向合称"西帮，甘肃之商附焉"，云贵同帮，这种现象不仅限于汉口一地。惟"宁波帮包南京在内，或合绍兴称宁绍帮"和"江西福建帮，因行商多经江西转运，关系密切，故联合成为一帮"，在长江流域诸城市中相当特殊。

以上专就行业利益追索窄狭地域观念逐渐消融之迹。事实上汉口五方杂处，"居民半属客籍"，各省邑客商长期在汉经营，势必与汉口当地社会发生密切的关系。早在乾隆十年（1745）三月，《清实录》即有以下的记载：

> 湖北巡抚晏斯盛奏，汉口一镇，商贾辏集，请令盐、当、米、木、花布、药材六行及他省会馆，各建社仓，择客

商之久住而乐善者经理其事。[1]

此事是否实行，《清实录》中并未讲明，仅云如果试行成功，他省亦可仿行。嘉庆1813年《常德府志》，可补《实录》之不足：

> 乾隆十六年常德各会馆帮修书院，捐买育婴堂。江西客总……共捐银三百两，盐客……共捐银二百五十两，徽州客总……二百两，江南客总……百两，福建客总……五十两。[2]

按资力雄厚诸商团，如两淮、两浙盐商及广州行商等捐资兴办地方公益慈善事业，并屡次集体向中央政府捐输助赈济饷，已有很久的历史。会馆是最重要的融合各业缘的地缘组织，各省及地方政府对其功能，必能充分了解。咸同之际，饷源支绌，汉口徽商巨子余能培即独力捐献万金[3]。《夏口县志》卷一五，"人物""流寓"曾记其他客商个人有捐资"筑城堡，办团练，修江岸，平治街道及一切善举"之事。该传叙事的对象为个人而非团体，不过汉镇各省会馆集体向地方及中央政府的捐献必甚可观。[参照本章（丁）重庆之例。]

洪杨之前，汉口会馆行业之间早已日趋融合。同光以降，外侮日甚，政府不得不试办新政。张之洞久督两湖，尤注意工商

---

1 《清高宗实录》，卷二三七，页17下至18上。

2 《常德府志》（嘉庆1813），卷八，页24上至25下。

3 《夏口县志》（民国1920），卷一五，页28上。

建设。光绪二十四年张奏请在汉设立商务总局"由本省商董邀集各省各帮大商入局，定立商会"[1]。光绪三十三年农商部颁布商会章程，汉口遂正式设立商务总会，民国元年又成立汉口会馆公所联合会[2]。就组织言，汉口百数十商帮、公所、会馆，层层而上，遂得全部的联系与调剂。各商帮间原有地域观念之日趋淡薄，充分反映于汉口商务总会历届正副会长之原籍。自光绪末至民国七年，全部八十七正副会长之中，原籍湖北者三十二、浙江二十一、安徽十七、广东七、山西四、江西三，湖南、江苏、四川各一[3]。汉口百数十地缘业缘组织，通过总商会，不但经常维持地方公益，更进一步筹款赈济他省灾荒，包销印花税票，承募内国公债，并对清末民初川汉、粤汉筑路，内战、帝制等问题无不参加，积极发表主张。其活动与影响尤非仅限于武汉一隅而已。

丙　归绥之例

归绥，清代为归化厅，属山西省，民国十七年始成绥远省会，为内蒙汉、蒙、回族交易中心之一。今崛诚二以归绥清代工商行会碑记保存尚多，于中日战争期间，曾往搜集并就地考察。随即以归绥行会研究考察结果作为广岛大学之博士论文，起清初，终1944年。于1955年出版，广其名曰《中國封建社會的機構》。今崛氏以左派观点，作种种分析与推论，不无可议之处，惟史料充实，足资引用。

1　《湖北通志》（民国1921），卷五四，"新政"，页14下至16上。
2　《夏口县志》，卷五，页22上。
3　同上，卷一四下至一九上，原表。

　　归绥在清代重要行业，初有十二社、十三行之名。后因专业分工社行数目渐增。诸商帮之地缘组织亦名曰社。计有：京都（河北为主）、陕西、蔚州（今察哈尔西南蔚县）、诚敬（山西太原府属）、代州、晋、阳（山西东南部潞安府属之晋城、阳城两县）、交城、祁县、上党、云中（大同府），宁武、介休、崞县、孟县、太谷、榆次、文水、忻州、太原、寿阳、应、浑（应县、浑源），汾、孝（汾阳、孝义），平遥、阳曲、定襄等 25 社[1]。除京都、陕西、蔚州三社外，余皆为山西各郡邑商人之地缘组织。因数社往往共同捐资合建一庙以为轮流集会之所，故无会馆之名，但颇不乏会馆之实。民国二十三年（1934）之《归绥县志》仅列绥远、凉城及河北三个会馆，或即因唯此三馆有正式会馆建筑及名义[2]。

　　归绥行业组织之一特点，即早在雍正元年（1723）已有包括十二社（行业的社）或十三行的"大行"的成立。"大行"性质与欧洲中古城市之 Gild Merchant 及近代城市之总商会相似。长城一带商业，自明初立"开中"之制，山西"边商"即一向最占势力，至清初山西商帮势力尤大。惟就今崛所搜归绥行业资料，几毫无晋商排斥其他商帮之痕迹[3]。

　　先以木工业为例，其同业会所为鲁班庙。现存最早资料为雍正三年残碑，内列该业司董汉人之名十七，蒙人之名七。故自始不但无地缘限制，且无种族歧视。乾隆十五年修庙，碑文列司

1　今崛诚二，《中國封建社會の機構》，页 598 至 599，原表。
2　《归绥县志》（民国 1934），卷二，页 2 下。
3　今崛诚二，《中國封建社會の機構》，页 525 至 547，及资料 D1 及 D10。

董八人姓名，其籍贯为云中郡、祀县（本文作者按：应系祁县之误）、保定府、太谷、介休、榆次、崞县、定襄。如杂货行之"醇厚社"，为最初十二社之一，贩贸商品范围极广。虽本为忻州、祁县、崞县、定襄、大同诸帮所把持，但晚清以来，京津商人参加不但未受阻挠，且已代替晋帮成为此业中坚。杂货业另有"集锦社"，初亦为山西帮，后因京津一带商人来绥，并有不少不附商帮的"冒险独立商人"，故此社大事扩充，无分商帮籍贯种族，兼容并包，内回商计约占四分之一[1]。

再如皮行社，历史甚久，为归绥最重要行业之一。相传17世纪90年代准噶尔之役，即有山西交城商人随大将军费扬古来此开始经营此业。此业三百年间演变历史，碑文无考，惟据今崛调查，此业早已由"同乡帮"变成"同业帮"，故富于"多乡性"[2]。此外如成衣行，内有山西、山东、河北成员[3]。生皮社则汉、蒙、回三族俱备。昔日此业中坚之山西商人，今仅居全业成员十分之三，其余皆已土著化，往往自称归绥本帮，但并无排斥外帮情形[4]。家畜牙行业之"福兴社"，最初以孟县人为主，早已土著化，亦自认为归绥帮，故"客帮同乡意识已甚淡薄"[5]。

以归绥为据点与新疆贸易并兼营内陆运输之商团有二：一为山西人组织之"新疆社"，因久与新疆贸易，"在某种意义下，亦可认为新疆人"，故具有"双重乡里性"。二为河北一带回人所

1　今崛诚二，《中國封建社會の機構》，页207至214；268至284。

2　同上，页155至167。

3　同上，页346。

4　同上，页241至242。

5　同上，页178至182。

成立的"清真社"，社员本来自河北等地，因久居归绥，往往自认为归绥土著，又因长期与新疆贸易，又自认为新疆人，故已具有"三重籍"[1]。此二社虽有地缘及宗教之不同，业缘利益远较地缘及宗教关系为重要，故积久颇能共存共荣。

唯一主要例外为砖茶业。早在康熙期间，山西帮茶商已组织了"金龙社"，其成员至民国尚未土著化，始终保持坚强的同乡同业性质[2]。这一例外的现象亦有解释。按归绥茶商一向皆由汉口山西帮茶号派遣而来，本是经常往返于归绥汉口之间，并不久居归绥。汉口山西帮对茶的采购与砖茶的烘制皆有长期的经验与专长，与内、外蒙及西北其他地方，甚至俄国，都建立了悠久的业务关系，其他茶帮自难插足。

综合归绥全部行业资料，很明显地可以看出业缘关系远较地缘关系为重要，因共同经济利益，各业间的地缘单位日趋融合；自清初三百余年来，客帮多趋土著化，因而产生所谓的"双重同乡性"，甚或"三重籍"。最初狭隘的地域观念，实已融消无遗。

丁 重庆与四川之例

现有著作之中，专论地缘组织者，仅有社会部研究室窦季良，《同乡组织之研究》一小专刊，内容十九皆根据战时对重庆一市会馆之实际调查。此书未及重庆地缘性的行业公所，会馆史料也大多限于咸同以后。

重庆会馆创建于康熙，鼎盛于晚清。最主要的是代表十个

---

1 今崛诚二，《中國封建社會の機構》，页284至290。
2 同上，页225。

省份的八省会馆：湖广、江西、江南、浙江、福建、广东、山西、陕西。光绪1894年又增添云贵公所。湖广会馆之下，又有不少湖南湖北的府州县会馆，他省亦不无府馆之设。各地缘单位全体融合的趋势，在八省会馆的功能中最能充分反映出来。咸同之际，八省会馆所主持兴办的地方事业，依其性质，可分六端：一、警卫事项，包括保甲、团练、城防、消防；二、慈善救济事项，包括育婴、掩埋、救生、赈灾、济贫、积谷、善堂管理；三、公用事项如修码头等；四、商务事项如订立各商帮规程；五、征收事项，包括厘金及斗捐（积谷备灾，抽捐以充斗量劳役工资）；六、生产事项如试验种桑育蚕[1]。事实上，八省会馆已经作了"市政"大部的工作。这种现象并不限于重庆一地，惟四川一般州县的会馆财力不如重庆会馆之雄厚，参加地方公益和行政方面不如重庆会馆之广而已。如嘉定府城乐山县即有"八省长生会，始自乾隆六十年（1795）"，购地掩埋临水浮尸，"集八省人众各捐巨金，交商生息。……救生红船，至今百有余年，相沿无异"[2]。按本章（乙）已引乾隆早期鄂抚晏斯盛奏请汉口各省会馆试办社仓，湖南常德府各省会馆同期有捐资兴办书院实据，会馆最发达的四川郡邑，同类事项，至晚亦必可溯到乾隆初期。

对于重庆各省客民地缘观念之彻底消融，窦氏有以下的结论：

> 据实地访问，八省同乡早已与四川土著同化，通婚结好，
> 共营商业；在语言风俗习惯上居然土著了，以后新来的同乡，

1　窦季良，《同乡组织之研究》，页76至77。

2　《乐山县志》（民国1934），卷四，页50下至51上。

有的是重新成立新的同乡团体。旧会馆的人士已寥若晨星，目新来的同乡为"旅渝同乡"，而自名为"坐渝同乡"，以示区别。即当年的"八省"遗老，也多半变成地方的士绅，办理着地方的公益事业，只能忆及其为某省原籍而已。[1]

其他一般四川州县亦有同样的土客同化。如大足县：

> 清初移民实川，来者各从其俗。举凡婚丧时祭诸事，率视原籍通行者而自为风气。厥后客居日久，婚媾互通，乃有楚人遵用粤俗，粤人遵用楚俗之变例，然一般固无异也。……本县语言，旧极复杂。凡一般人率能兼操两种语言：平时家人聚谈或同籍人互话，曰打乡谈，粤人操粤音，楚人操楚音，非其人不解其言也；与外人接则用普通话，远近无殊。六七十年以前之人牙牙学语，习于乡谈，成年之后，时与外人接触，自能操普通话。近三四十年学校适龄之童，出就师傅，乡谈遂失其传。惟中鳌场之玉皇沟一带，其居民以原籍湖南之永州会同两处者为多，颁白之叟尚能乡音无改也。[2]

再如安县：

> 前清时县属民皆由各省客民占籍，声音多从其本俗，有

1　窦季良，《同乡组织之研究》，页83。
2　《大足县志》（民国1945），卷三，页59上至60上。

所谓广东腔者，有所谓陕西腔者，湖广宝庆腔者，永州腔者，音皆多浊。近数十年来交通便利，声音皆入于清。[1]

以上四例充分说明在同一城市的熔冶炉里，经济与社会的力量无时不在削弱各种地缘组织原有的畛域观念。共同经济利益促成超地缘的业缘结合，长期全面接触促成土客间的社会同化。以上诸例因资料性质不同，或仅说明经济结合，或仅说明社会同化，但无疑义的经济与社会两种力量无时不在发生双重作用。诚然，清末民国近代水陆交通的兴建，西方思潮的输入，民族意识的蓬勃，工商组织新法令的颁布，都加速了小群组织的衰微。但从本文所引用的史例来看，即使没有近百年的国际变局，即使古老的中国依然闭关自守，内在的经济与社会的力量也一定会促进畛域观念的融消与大群意识的产生。最能指示这种趋势的就是会馆制度五百年中演变蜕化的历史。

1　《安县志》（民国 1932），卷五六，页 2 上下。

后 记

　　本刊原系作者综合明清社会经济史工作长期计划中一个较小的环节。因为篇幅关系，更因鉴前此学人最喜长篇抄引会馆公所规章，所以本文除必要一二处外几乎完全未用会馆的组织、功能、经费、规章这类最现成的资料。此类未用资料当另撰英文专刊择要论及。

　　本刊只第一章和第六章涉及理论，其余四章均重史实。事实上近年来大陆上对明清经济史料的整理很有成绩，对明清业缘地缘组织也有论文和专刊，内中往往牵涉到"资本主义萌芽"这一中心理论问题[1]。本刊作者充分了解这个中心理论问题的存在，而且个人分析论断和大陆史家有相当基本的差异。至于会馆公所的兴衰究竟与"资本主义萌芽"有无关系，究竟"资本主义萌芽"这一名词是否合理，因所涉极广，也只能留待今后拟撰英文诸作中多方面详加讨论。

1　例如刘永成，"试论清代苏州手工业行会"，《历史研究》，1959 年十一期；彭泽益，"十九世纪后期中国城市手工业商业行会的重建和作用"，《历史研究》，1965 年一期；傅衣凌，《明清时代商人及商业资本》（1956）；《中国近代手工业史资料》，四卷（1957），内中亦有不少有关地缘行会资料；《中国资本主义萌芽问题讨论集》，上下两册（1957）；《中国资本主义萌芽问题讨论集》，续编（1960）。

　　过去两学年中，作者曾获芝加哥大学研究院社会科学学院（The Division of the Social Sciences）及远东文化研究委员会（The Committee on Far Eastern Civilizations）之课余资助。本专刊之得以完成，其他研撰计划之得以逐步实现，皆与以上资助有关，特此申谢。

1965 初秋，芝加哥

引用书目

甲　原始资料

一　地方志

按：有关会馆及地缘性宫庙记载最多者，为四川州县方志，次为两湖、江西方志，故此四省方志先行分列，其余诸省方志合列。

（子）四　川

《太平县志》（光绪 1893）

《万源县志》（民国 1932）

《新宁县志》（同治 1869）

《大宁县志》（光绪 1887）

《奉节县志》（光绪 1893）

《云阳县志》（民国 1935）

《开县志》（咸丰 1853）

《万县志》（同治 1966）

《梁山县志》（嘉庆 1807）

《垫江县志》（光绪 1900）

《酆都县志》（光绪 1893）

《黔江县志》（光绪 1894）

《彭水县志》（光绪 1875）

《秀山县志》（光绪 1891）

《南江县志》（民国 1922）

《剑州志》（同治 1873）

《剑阁县志》（民国 1927）

《巴州志》（道光 1833）

《阆中县志》（咸丰 1851）

《南部县志》（道光 1849）

《仪陇县志》（同治 1870）

《营山县志》（同治 1870）

《渠县志》（嘉庆 1812）

《大竹县志》（民国 1926）

《岳池县志》（同治 1864）

《蓬州志》（民国 1935 重印，改名《蓬溪县志》）

《邻水县志》（道光 1834）

《南充县志》（嘉庆 1815）

《南充县志》（民国 1929）

《涪州志》（同治 1870）

《南川县志》（民国 1926）

《巴县志》（民国 1939）

《綦江县志》（同治 1863）

《铜梁县志》（光绪 1875）

《大足县志》（民国 1945）

《璧山县志》（同治 1865）

《江津县志》（光绪 1875）

《荣昌县志》（同治 1865）

《江油县志》（光绪 1903）

《绵阳县志》（民国 1933）

《绵竹县志》（民国 1919）

《安县志》（民国 1932）

《罗江县志》（嘉庆 1815）

《德阳县志》（道光 1837）

《盐亭县续志》（光绪 1882）

《三台县志》（民国 1931）

《中江县志》（民国 1930）

《蓬溪县志》（道光 1844）

《遂宁县志》（民国 1929）

《安岳续志》（光绪 1897）

《乐至县志》（道光 1840）

《乐至县志又续》（民国 1929）

《直隶泸州志》（光绪 1882）

《泸县志》（民国 1938）

《合江县志》（民国 1925）

《江安县志》（民国 1922）

《古宋县志》（民国 1935）

《叙永县志》（民国 1933）

《宜宾县志》（民国 1932）

《富顺县志》（同治 1872）

《富顺县志》（民国 1931）

《南溪县志》（民国 1937）

《高县志》（同治 1866）

《筠连县志》（同治 1873）

《珙县志》（光绪 1880）

《兴文县志》（光绪 1887）

《隆昌县志》（同治 1862）

《屏山县续志》（光绪 1898）

《成都县志》（同治 1873）

《华阳县志》（民国 1934）

《双流县志》（民国 1920）

《温江县志》（民国 1920）

《新都县志》（民国 1929）

《新繁县志》（同治 1873）

《新繁县乡土志》（光绪 1907）

《金堂县志》（嘉庆 1810）

《郫县志》（嘉庆 1813）

《郫县志》（同治 1820）

《崇宁县志》（民国 1924）

《彭县志》（嘉庆 1814）

《灌县志》（乾隆 1786）

《灌县志》（民国 1932）

《汉州志》（嘉庆 1812）

《什邡县志》（民国 1929）

《简州志》（咸丰 1852）

《简阳县志》（民国 1927）

《新津县志》（道光 1828）

《崇庆州志》（嘉庆 1813）

《资中县续修资州志》（民国 1929）

《内江县志》（同治 1871）

《井研县志》（光绪 1900）

《丹稜县志》（民国 1923）

《青神县志》（光绪 1877）

《乐山县志》（民国 1934）

《荣县志》（民国 1929）

《威远县志》（嘉庆 1813）

《威远县志》（民国 1937）

《夹江县志》（嘉庆 1813）

《峨眉县志》（嘉庆 1814）

《峨眉县续志》（民国 1935）

《峨边县志》（民国 1915 年）

《犍为县志》（民国 1937）

《茂州志》（道光 1831）

《松潘县志》（民国 1924）

《大邑县志》（民国 1929）

《蒲江县志》（乾隆 1783）

《雅安县志》（民国 1924）

《名山县志》（光绪 1892）

《名山县新志》（民国 1930）

《荥经县志》（民国 1915）

《西昌县志》（民国 1942）

《冕宁县志》（咸丰 1857）

《会理州志》（同治 1870）

（丑）湖　北

《夏口县志》（民国 1920）

《麻城县志》（民国 1935）

《石首县志》（同治 1866）

《监利县志》（同治 1872）

《天门县志》（民国 1922）

《黄安县志》（道光 1822）

《均州志》（光绪 1884）

《孝感县志》（光绪 1883）

《钟祥县志》（同治 1867）

《宜城县志》（同治 1866）

《谷城县志》（同治 1867）

《光化县志》（光绪 1882）

《郧县志》（同治 1866）

《郧西县志》（同治 1866）

《保康县志》（同治 1871）

《竹山县志》（同治 1867）

《竹溪县志》（同治 1865）

《当阳县志》（同治 1867）

《东湖县志》（同治 1864）

《归州志》（同治 1866）

《巴东县志》（同治 1866）

《建始县志》（同治 1866）

《恩施县志》（同治 1868）

《宣恩县志》（同治 1863）

《咸丰县志》（同治 1865）

《来凤县志》（同治 1866）

《崇阳县志》（同治 1866）

《通城县志》（同治 1867）

《罗田县志》（光绪 1876）

（寅）湖　南

《长沙县志》（同治 1871）

《常德府志》（嘉庆 1813）

《武陵县志》（同治 1863）

《湘阴县图志》（光绪 1881）

《湘潭县志》（光绪 1889）

《衡阳县志》（同治 1874）

《醴陵县志》（同治 1870）

《汝城县志》（民国 1932）

《祁阳县志》（同治 1870）

《宁远县志》（光绪 1875）

《江华县志》（同治 1870）

《宝庆府志》（道光 1849）

《邵阳县志》（光绪 1875）

《靖州直隶州志》（光绪 1879）

《芷江县志》（同治 1869）

《会同县志》（光绪 1876）

《溆浦县志》（同治 1873）

《桃源县志》（光绪 1892）

《鄙县志》（同治 1873）

《石门县志》（同治 1868）

《桑植县志》（同治 1873）

《龙山县志》（同治 1870）

（卯）江　西

《南昌县治》（同治 1870）

《新建县志》（同治 1871）

《上高县志》（同治 1870）

《乐平县志》（同治 1870）

《新城县志》（同治 1871）

《鄱阳县志》（同治 1871）

《萍乡县志》（同治 1872）

《德化县志》（同治 1872）

《吉安府志》（乾隆 1771）

《泰和县志》（光绪 1878）

《铅山县志》（同治 1873）

《上饶县志》（光绪 1890）

《湖口县志》（同治 1874）

《德化县志》（同治 1871）

《弋阳县志》（同治 1871）

《义宁州志》（同治 1871）

《都昌县志》（同治 1872）

（辰）其他诸省

《顺天府志》（光绪 1884）

《通州志》（光绪 1879）

《朝阳县志》（民国 1930）

《沈阳县志》（民国 1917）

《海城县志》（民国 1924）

《历城县志》（民国 1925）

《胶澳志》（民国 1928）

《德县志》（民国 1935）

《泰安县志》（民国 1929）

《南阳县志》（光绪 1899）

《信阳县志》（民国 1934）

《禹州志》（道光 1832）

《汉阴厅志》（嘉庆 1818）

《三原县新志》（光绪 1880）

《皋兰县志》（民国 1917）

《江都县续志》（民国 1921）

《甘棠小志》（董醇著，咸丰 1855；按甘棠即邵伯镇）

《盛湖志》（同治 1874）

《盛湖志补》（光绪 1900）

《临海县志稿》（民国 1935）

《双林镇志》（民国 1917）

《南浔镇志》（民国 1922）

《黎里志》（嘉庆 1805）

《黎里志》（光绪 1897）

《怀宁县志》（民国 1935）

《宣城县志》（光绪 1888）

《芜湖县志》（民国 1919）

《泾县志》（嘉庆 1806；民国重刊）

《福建通志》（乾隆 1737）

《彰化县志》（道光 1831；台湾银行 1962 重行铅印本）

《番禺县志》（同治 1871）

《佛山忠义乡志》（道光 1830）

《佛山忠义乡志》（民国 1923）

《顺德县志》（咸丰 1854）

《四会县志》（光绪 1896）

《儋县志》（民国 1934）

《昆明县志》（光绪 1904）

《贵阳府志》（道光 1850）

《遵义府志》（道光 1841）

《归绥县志》（民国 1934）

《朔方道志》（民国 1926）

二　其他有关会馆之专录、调查与记载

《重续歙县会馆志》（道光 1834）

《闽中会馆志》（李景铭辑，北平，1942）

《汉口山陕西会馆志》（光绪 1896）

《宝庆会馆志》（光绪 1903）

《宸垣识略》（咸丰 1852）

《京师坊巷志》（朱一新、缪荃孙合著，刘氏求恕斋本）

《津门杂记》（张焘著，光绪 1885）

《最新北平指南》（田蕴瑾著，北平，1935）

《江苏省明清以来碑刻资料选集》（三联，1959）

《白下琐言》（甘熙著，同治 1866）

《上海指南》（商务，1926）

《福州旅行指南》（郑拔驾著，商务，1934）

《厦门大观》（吴雅纯著，厦门，1937）

《广州指南》（广州市政府，1934）

《太原指南》（山西民社，1936）

《新西安》（王望著，西安，1940）

《成都通览》（傅崇榘著，宣统1909）

《中华民国省区全志》（白眉初著，中央地学社，1926）

《全国都会商埠旅行指南》（喻守真、葛绥成、周白棣合著，中华，1926）

《华侨志总志》（台北，1956）

《华侨志——新加坡》（台北，1960）

沈德符《万历野获编》（中华1959铅印本）

朱国桢《涌幢小品》（中华1959铅印本）

刘侗、于奕正《帝京景物略》（崇祯1635序，乾隆1766版）

周亮工《闽小纪》（丛书集成本）

陈廷敬《午桥文编》（康熙1708）

朱轼《朱文端公集》（同治1873）

李斗《扬州画舫录》（1960年铅印本）

三 其他

《汉书》（王先谦补注，艺文影印本）

惠栋《后汉书补注》（丛书集成本）

周寿昌《后汉书注补正》（丛书集成本）

《唐六典》（日本天保七年1836本）

《唐会要》（世界影印本）

《唐律疏议》（万有文库本）

《五代会要》（世界影印本）

《通典》（商务十通本）

《续通典》（商务十通本）

《册府元龟》（崇祯1642版，中华影印本）

《宋会要稿》（北平图书馆 1937 影印本）

《元典章》（光绪 1908 影印杭州丁氏藏钞本）

《大明会典》（万历 1587 司礼监本）

《大清会典事例》（光绪 1899 本）

《明英宗实录》，《景泰附录》（"中研院"本）

《清高宗实录》（伪满原印本）

《宋平江城坊考》（1925 铅印本）

顾炎武《日知录》（国学基本丛书本）

赵翼《陔馀丛考》（《瓯北全集》本）

《廿二史劄记》（《瓯北全集》本）

魏源《古微堂外集》（光绪 1878）

张謇《啬翁自订年谱》（1925 铅印本）

四　英文

China Maritime Customs, Decennial Reports, First Issue,1882-1891; Second Issue, 1892-1901; Third Issue, 1902-1911

乙　近人著作

一　中日文

和田清"會館公所の起原に就いて"，《史学杂志》，三十三卷，十期，页 808— 811

加藤繁"唐宋時代の商人組合'行'を論じて清代の會館に及ふ"；"清代に於 ける北京の商人會館に就いて"；此二文均重印于《支那经济史考证》，上 下册（东京，1952—1953）

仁井田陞《中國の社會とギルド》（东京，1950）

根岸佶《支那ギルドの研究》（东京，1940）

　　《中國のギルド》（东京，1953）

　　《上海のギルド》（东京，1951）

今崛诚二《中國封建社會の機構》（东京，1955）

杨树达《汉代婚丧礼俗考》（商务，1933）

胡适"三年丧服的逐渐推行"，《文哲季刊》（武汉大学），一卷二号（1930）

雷海宗"中国的家族"，重刊于《中国文化与中国的兵》（商务，1940）

严耕望《中国地方行政制度史》，上编，卷上，《秦汉地方行政制度》，上下册

　　（"中研院"，1961）；卷中，《魏晋南北朝地方行政制度》，上下册（1963）

李家瑞《北平风俗类征》，二册（北平，1937）

王仲荦《魏晋南北朝隋初唐史》（上海，1961）

唐长孺"门第的形成及其衰落"，《武汉大学人文科学学报》，1959，八期

周藤吉之《中国土地制度史研究》（东京，1954）

杨联陞"科举时代的赴考旅费问题"，《清华学报》，新 2 卷 2 期

窦季良《同乡组织之研究》（重庆正中，1946）

谭其骧"中国内地移民史：湖南篇"，《史学年报》，一卷四期（1932）

陈荆和"承天明乡社与清河庙"，《新亚学报》，四卷一期（1959 年八月）

刘永成"试论清代苏州手工业行会"，《历史研究》，1959 年十一期

彭泽益"十九世纪后期中国城市手工业商业行会的重建和作用"，《历史研究》，

　　1965 年 1 期

傅衣凌《明清时代商人及商业资本》（上海，1956）

《中国近代手工业史资料》，四卷（三联，1957）

《中国资本主义萌芽问题讨论集》，二册（三联，1957）

《中国资本主义萌芽问题讨论集》，续编（三联，1960）

二 英文

Burgess, J.S., *The Guilds of Peking* (New York, 1928).

Chang, Sen-Dou,"Some Aspects of the Urban Geography of the Chinese Hsien Capital," *Annals of the Association of American Geographers*, Vol.42 March,1952.

Gamble, S.D., *Peking: A Social Survey* (New York, 1921).

Ho,Ping-ti（何炳棣）, *Studies on the Population of China,1368-1953* (Harvard University Press,1959).

—,*The Ladder of Success in Imperial China, Aspects of Social Mobility, 1368-1911* (Columbia University Press, 1962).

—,"The Salt Merchants of Yaug-chou: A Study of Commercial Capitalism in Eighteenth-Century China," *Harvard Journal of Asiatic Studies*, June,1954.

—, "An Historian's View of the Chinese Family System," in *Men and Civilization:the Family's Search for Survival* (McGraw Hill, New York, 1965).

MacGowan, D.J.,"Chinese Guilds or Chambers of Commerce and Trade Unions," *Journal of the North China Branch of the Royal Asiatic Society*, Vol.21, 1886.

Morse, H.B., *The Guilds of China* (London, 1909).

AN HISTORICAL SURVEY OF
LANDSMANNSCHAFTEN
IN CHINA

By

Ping-ti Ho

The University of Chicago

TABLE OF CONTENTS

ENGLISH ABSTRACT

It is generally recognized that next to family and kinship common geographic origin provided a most important basis for voluntary association in traditional China. In Peking and in hundreds of cities and towns the associations based on common geographic origins have played a vital economic and social role during the past five centuries. Such associations are usually called hui-kuan, many of which have been called t'ung-hsiang-hui since the founding the Republic in 1912. Literally the nearest Western equivalents to such Chinese terms as tung-hsiang and hui-kuan (or t'ung-hsiang-hui) are the German words Landsmann and Landsmannschaften.

The institution of hui-kuan or Landsmannnschaften of China has been a subject of considerable study by Western and Japanese scholars, such as, D. J. MacGowan (1886), H. B. Morse (1909), Sidney D. Gamble (1921), J. S. Burgess (1928), Wada Sei (1922), Kato Shigeta (1935 and 1942), Negeshi Tadashi (1940, 1951, and 1953), Niida Noboru (1950), and Imahori Seiji (1955). Valuable as their contributions are, their reserches on the institution of Chinese Landsmannschaften have still left a few stones unturned. This is because they have treated Landsmannschaften mainly as an appendage of Chinese commercial and industrial gilds and have relied mostly on sample surveys rather than on all types of extant data.

The present study, *An Historical Survey of Landsmannschaften in China*, which is based, among other things, on new inscriptional data and on an extensive search of Chinese local histories, yields the following new findings:

1.As far as can be ascertained from local-history data,the earliest Landsmannschaft was established in the nation's capital Peking in the Yung-lo period (1403-1424) by officials who were natives of Wu-hu, Anhwei. The beginning of the institution of Landsmannschaften must therefore be dated some 140 years earlier than those given in various late-Ming works which have been accepted by all Japanese writers on the subject.

2.Somewhat different from the common belief of late-Ming and modern Japanese scholars that Landsmannschaften in Peking were from their very inception hostelries established exclusively for Landsmann of various provinces, prefectures, and counties who went to Peking triennially to take the metropolitan and palace examinations, the data at the present author's disposal indicate that originally there were two types of Landsmannschaften in Peking, none of which was exclusively for Landsmann examination candidates. The first type, such as that of Wu-hu, was in the nature of an exclusive club, open only to natives of Wu-hu who served as officials of the central government. The second type, such as that of She-hsien, Hui-chou, southern Anhwei, was launched in 1560 by merchants of She-hsien and partook of the nature of a true Landsmannschaft, open to all Landsmann, offcials as well as merchants. Owing to the increasing importance of the examination system as a major channel of social mobility and also to the fact that various localities vied with one another in producing socio-academic success, the two types of Landsmannschaften in Peking gradually changed their functions. Not until the first half of the Ch'ing period did both types of Landsmannschaften in Peking become largely hostelries for Landsmann examination candidates. By the late nineteenth century there had existed in Peking nearly 400 Landsmannschaften which represented all the provinces, scores of prosperous prefectures and counties.

3.In the rest of the country Landsmannschaften began to appear in a number of major cities and even in some actively trading and manufacturing sub-county towns from the Wan-li period (1573-1619) onwads. Because of their stereotyped format and contents the majority of the more than 3,000 editions of Chinese local histories available in North America usually overlook records on Landsmannschaften. The successive surveys on trade and gilds (including Landsmannschaften) made by the Imperial Chinese Maritime Customs are likewise far from complete. Even from all sorts of necessarily incomplete data, however, we do learn of the existence of Landsmannschaften in major and minor coastal and inland ports, in provincial capitals, and not infrequently in obscure county-cities and sub-county towns. Most of these Landsmannschaften were established by marehants and craftsmen of various geographic groups and some of them were in the nature of Landsmann gilds (kung-so). Some Landsmannschaften in provincial capitals were established mainly by Landsmann who served as officials in non-native Provinces. Whatever the main functions of Landsmannschaften outside of Peking, they all more or less partook of the nature of general Landsmannschaftcn, open to all Landsmann, merchants, craftsmen, officials and scholars. This was because throughout the Ming-Ch'ing period the concept of social status was flexible and the social-status system rather fluid.

4.An aspect that has been almost entirely overlooked by previous writers is the unusually high density of Landsmannschaften in central and upper Yangtze provinces, such as Kiangsi, Hunan, Hupei, and Szechwan. This phenomenon was accounted for less by interregional trade than by long-range interregional migrations that had taken place throughout the Ming-Ch'ing period up to about 1850. Unlike those of other parts of China which were largely results of interregional trade, the majority of Landsmannschaften of the inland Yangtze region including the Han River drainage were established by k'e-min (peasant-immigrants). Nearly every of the more than 100 counties of Szechwan had Landsmannschaften and not infrequently a county had several dozen temples erected by various immigrant Landsmann groups.

5.Contrary to impressions of previous writers that the prevalence of Landsmannschaften reflected the existence of unusually strong local particularism in China and has hence hindered China's modernization, deatiled case-studies of Landsmannschaften of several major cities and of the whole province of Szechwan based on new inscriptional and local-history data reveal that the institution of Landsmannschaften has in fact facilitated interregional economic and social integration.

何炳棣教授履历及主要著作目录

履历

1938 年　毕业于清华大学历史系文学士

1939—1945 年　清华大学教员（昆明）

1944 年　考取第六届清华中美庚款奖学金

1946 年 2 月　入学美国哥伦比亚大学

1952 年　哥伦比亚大学博士（英国及西欧史）

1948—1963 年　任教于加拿大英属哥伦比亚大学（正教授
　　　　1960—1963）

1963—1965 年　任芝加哥大学中国历史及制度教授

1965—1987 年　任芝加哥大学历史系汤逊讲座教授

1987—1990 年　任鄂宛（Irvine）加州大学杰出讲座教授

1966 年　当选台湾"中研院"院士

1975—1976 年　任美国亚洲学会（The Association for Asian
　　　　Studies）会长

1979 年　当选美国艺文及科学院（American Academy of Arts and
　　　　Sciences）院士

1997 年　中国社会科学院荣誉高级研究员

1975 年　香港中文大学荣誉法学博士
1978 年　美国 Lawrence 大学荣誉人文科学博士
1988 年　美国 Denison 大学荣誉人文科学博士

近年重要学术讲座

香港中文大学"邵逸夫爵士杰出访问学人讲座",2000—2001 年

"中研院"历史语言研究所"傅斯年纪念讲座",2000 年 12 月

"中研院"近代史研究所"首届萧公权纪念讲座",2001 年 11 月
　　22 日

香港中央图书馆主办"当代杰出学人文史科技公开演讲",主讲
　　"历史"之部,2002 年 4 月

主要著作目录

Studies on the Population of China, 1368-1953, Harvard University
　　Press, 1959; Second Printing, 1967.

　　意大利文译本:*La Cina: Lo syiluppo demografico, 1368-1953*,
　　Unione Tipografico-Editrice Torinese, 1972.

　　中文译本:《中国人口研究,1368—1953》,上海:上海古籍
　　出版社,1988。

　　《明初以降人口及其相关问题,1368—1953》,北京:三
　　联书店,2000;北京:中华书局,2017。

　　[此书是 20 世纪人文社科方面唯一一部引起《伦敦泰晤士报》

主要社评 Leading editorial 的华人著作。]

The Ladder of Success in Imperial China: Aspects of Social Mobility, 1368-1911, Columbia University, 1962; Second Printing, 1967;Third Printing, Da Capo Press, New York, 1976.

意大利文译本：*La Cina: II sistema sociale, 1368-1911*, Unione Tipografico-Editrice Torinese, 1974.

日文译本：《科挙と近世中国社会—— 立身出世の阶梯》，东京：平凡社，1993。

中文书名简称为《明清社会史论》，台北：联经出版事业公司，2015。

[此书近年被美国学术联合会选为历史方面最佳 750 部著作之一。]

《中国会馆史论》，台北：学生书局，1966；北京：中华书局，2017。

China in Crisis, Vol.1: China's Heritage and the Communist Political System, in two books. The University of Chicago Press,1968; Second Printing, 1970 (senior editor and contributor).

《黄土与中国农业的起源》，香港：香港中文大学出版社，1969；北京：中华书局，2017。

The Cradle of the East: An Inquiry into the Indigenous Origins of

Techniques and Ideas of Neolithic and Early Historic China, 5000-1000 B.C.（《东方的摇篮：史前及有史初期中国技术及理念土生起源的研讨，公元前 5000—1000 年》），The Chinese University of Hong Kong Press and The University of Chicago Press, 1975.

《中国历代土地数字考实》，台北：联经出版事业公司，1995；北京：中华书局，2017。

《有关〈孙子〉、〈老子〉的三篇考证》，《"中研院"近代史研究所演讲集》（2），2002。

《读史阅世六十年》，香港：商务印书馆，2004；台北：允晨文化实业公司，2004 年；桂林：广西师范大学出版社，2005 年，第 1—3 版；北京：中华书局，2012 年。

《何炳棣思想制度史论》，台北：联经出版事业公司，2013；北京：中华书局，2017。

Articles

《英国与门户开放政策的起源》，燕京大学《史学年报》，1938。

《张荫桓事迹》，《清华学报》第十三卷，1940 年 3 月。

"Weng T'ung-ho and the 'One Hundred Days of Reform' ", *Far Eastern Quarterly*, Vol.X, No.2, February 1951.

"The Salt Merchants of Yang-chou: A Study of Commercial Capitalism in Eighteenth-Century China", *Harvard Journal of Asiatic Studies*, Vol.LVII, No.2, Part 1, April 1955.

"American Food Plants in China", *Plant Science Bulletin (Botanical Society of America)*, Vol.II, No.1, January 1956.

"Early-Ripening Rice in Chinese History", *Economic History Review*, 2nd Series, Vol.IX, December 1956.

"Two Major Poems by Mao Tse-tung: Translation with Commentary", *Queens Quarterly*, Vol.LXV, No.2, Summer 1958.

"Ten Classical Chinese Poems", *Delta* (Montreal) 1958.

"Aspects of Social Mobility in China, 1368-1911", *Comparative Studies in Society and History*, Vol.I, No 4, June 1959.

"The Examination System and Social Mobility in China, 1368-1911", *Proceedings of the 1959 Annual Spring Meeting of the American Ethnological Society.*

"The Comparative Study of Social Mobility"(with Vernon K. Dibble), *Comparative Studies in Society and History*, Vol.III, No.3, April 1961.

"Some Problems of Shang Culture and Institutions: A Review Article", *Pacific Affairs*, Vol. XXXIV, No. 3, Fall 1961.

"Records of China's Grand Historian, Some Problems of Translation: A Review Article", *Pacific Affairs*, Vol XXXVI, No.2, Summer 1963.

"The Social Composition of Bureaucracy in Ming-Ch'ing China",

Proceedings of the XXVth International Congress of Orientalists, Vol. V, Moscow, 1963.

《北魏洛阳城郭规划》，清华学报《庆祝李济先生七十岁论文集》上册，台北，1965。

"Lo-Yang, A.D. 495-534: A Study of Physical and Socio-Economic Planning of a Metropolitan Area", *Harvard Journal of Asiatic Studies*. Vol.XXVI, 1965-1966.

"An Historian's View of the Chinese Family System", in *Man and Civilization: The Family's Search for Survival* (a symposium sponsored by the Medical School of the University of California at Berkeley-San Francisco), New York, 1965.

"The Geographic Distribution of Hui-kuan [Landsmannschaften] in Upper and Central Yangtze Provinces—With Special Reference to Interregional Migrations", *Tsing Hua Journal of Chinese Series*, New Series, Vol.V. No.2, December 1966.

"The Significance of the Ch'ing Period in Chinese History", *Journal of Asian Studies*, Vol.XXVI, No.2, February 1967.

"The Loess and the Origin of Chinese Agriculture", *American Historical Review*, Vol.XXVI, No.1, October 1969.

"An Estimate of the Total Population of Sung-Chin China", *Etudes Song in Memoriam Etienne Balazs*, Leiden, 1970.

《西周年代平议》，《香港中文大学中国文化研究所学报》，第 1 卷，1973。

"The Chinese Civilization: A Search for the Roots of Its Longevity" (the

AAS Presidential Address), *Journal of Asian Studies*, Vol. XXXV, No.4, August 1976.

"The Indigenous Origins of Chinese Agriculture", in Charles A. Reed, ed., *Origins of Agriculture*, Mouton: The Hague and Paris,1977.

《美洲作物的引进、传播及其对中国粮食生产的影响》,《大公报在港复刊卅周年纪念文集》下卷,香港,1978。

"The Paleoenvironment of North China—A Review Article", *Journal of Asian Studies*, Vol.XLIV, No.4, August 1984.

《南宋至今土地数字考实》,《中国社会科学》,1985 年 3 月及 5 月号。

《"克己复礼"真诠:当代新儒家杜维明治学方法的初步检讨》,《二十一世纪》,第六期,1990 年 2 月。

《原礼》,《二十一世纪》,第十期,1990 年 6 月。

《从爱的起源和性质初测〈红楼梦〉在世界文学史上应有的地位》,《中国文化》,第十期,1994 年 8 月。

《"天"与"天命"探原:古代史料甄别运用方法示例》,《中国哲学史》,1995 年第 1 期。

《商周奴隶社会说纠谬:兼论"亚细亚生产方式"说》,《人文及社会科学集刊》("中研院"),第 7 卷第 2 期,1995 年 9 月。

《华夏人本主义文化:渊源、特征及意义》,《二十一世纪》,1996 年 2 月及 4 月号。

"In Defense of Sinicizadon: A Rebuttal of Evelyn Rawski's

Reenvisioning the Qing", *Journal of Asian Studies*, February 1998.

《廿一世纪中国人文传统对世界可能做出的贡献》,《廿一世纪的中国与世界》, 商务印书馆百年馆庆纪念演讲集, 1998 年 7 月。

《儒家宗法模式的宇宙本体论》,《哲学研究》, 1998 年第 12 期。

《中国现存最古的私家著述:〈孙子兵法〉》,《历史研究》, 1999 年第 5 期。重刊于(上海)《学术集林》卷十七, 2000。

《司马谈、迁与老子年代》, 香港中文大学"邵逸夫爵士杰出访问学人讲座", 2000—2001。同时刊于《燕京学报》新九期, 2000 年 11 月。

《中国思想史上一项基本性的翻案:〈老子〉辩证思维源于〈孙子兵法〉的论证》, "首届萧公权纪念讲座", 2001 年 11 月 22 日, "中研院"近代史研究所。

与刘雨合撰《"夏商周断代工程"基本思路质疑:古本〈竹书纪年〉史料价值的再认识》,《中华文史论丛》, 2002 年第 2 辑。扩充本刊于《燕京学报》新十六期, 2004 年 5 月。

传略见于(OTHER BIOGRAPHICAL DATA):

◎ *Who's Who in America*, 1968-

◎ *The Blue Book: Leaders of the English World* (St. James Press, London), 1971-

◎ *Who's Who in the World*, 1971-

◎ *Men of Achievement* (Cambridge, England), 1974